Como usar
o cinema
na sala de aula

COLEÇÃO
COMO USAR NA SALA DE AULA

COLEÇÃO
como usar
na sala de aula

como usar ARTES VISUAIS **na sala de aula**
Katia Helena Pereira

como usar AS HISTÓRIAS EM QUADRINHOS **na sala de aula**
Angela Rama e Waldomiro Vergueiro (orgs.)

como usar A INTERNET **na sala de aula**
Juvenal Zanchetta Jr.

como usar A LITERATURA INFANTIL **na sala de aula**
Maria Alice Faria

como usar A MÚSICA **na sala de aula**
Martins Ferreira

como usar A TELEVISÃO **na sala de aula**
Marcos Napolitano

como usar O JORNAL **na sala de aula**
Maria Alice Faria

como usar O RÁDIO **na sala de aula**
Marciel Consani

como usar O TEATRO **na sala de aula**
Vic Vieira Granero

como usar OUTRAS LINGUAGENS **na sala de aula**
Beatriz Marcondes, Gilda Menezes e Thaís Toshimitsu

Como usar
o cinema
na sala de aula

Marcos Napolitano

Copyright© 2003 Marcos Napolitano
Todos os direitos desta edição reservados à
Editora Contexto (Editora Pinsky Ltda.)

Preparação de texto
Diogo Kaupatez

Diagramação
FA Fábrica de Comunicação/Claudio Filizolla

Projeto e montagem de capa
Antonio Kehl

Dados Internacionais de Catalogação na Publicação (CIP)
(Câmara Brasileira do Livro, SP, Brasil)

Napolitano, Marcos.
Como usar o cinema na sala de aula / Marcos Napolitano. –
5. ed., 6ª reimpressão. – São Paulo: Contexto, 2023.

Bibliografia
ISBN 978-85-7244-215-2

1. Cinema na educação 2. Educação – Programas de atividade
3. Sala de aula – Direção I. Título

02-5324   CDD-371-33523

Índice para catálogo sistemático:
1. Cinema na sala de aula : Educação 371.33523

2023

EDITORA CONTEXTO
Diretor editorial: *Jaime Pinsky*

Rua Dr. José Elias, 520 – Alto da Lapa
05083-030 – São Paulo – SP
PABX: (11) 3832 5838
contato@editoracontexto.com.br
www.editoracontexto.com.br

Proibida a reprodução total ou parcial.
Os infratores serão processados na forma da lei.

SUMÁRIO

Apresentação	7
O cinema e a escola	11
Elementos de linguagem e história do cinema	57
Planejamento das atividades e procedimentos básicos	79
Atividades baseadas no conteúdo fílmico: por disciplinas	103
Atividades baseadas no conteúdo fílmico: temas transversais	167
Atividades especiais baseadas no conteúdo, na técnica ou na linguagem	193
Anexo 1: filmes	213
Anexo 2: glossário de termos cinematográficos	231
Anexo 3: informações de apoio ao professor	237
Anexo 4: fichas e roteiros de avaliação fílmica	243
Bibliografia	247

APRESENTAÇÃO

Há mais de um século o cinema encanta, provoca e comove bilhões de pessoas em todo o mundo. Dentre estes bilhões de pessoas que regularmente foram, vão e irão assistir a filmes na sala escura do cinema, certamente estão incluídos milhões de professores e alunos. Apesar de ser uma arte centenária e muitas vezes ao longo da história ter sido pensado como linguagem educativa, o cinema ainda tem alguns problemas para entrar na escola. Não apenas na chamada "escola tradicional" (o que seria mais compreensível, dada a rigidez metodológica que dificulta o uso de filmes como parte da didática das aulas), mas também dentro da escola renovada, generalizada a partir dos anos 1970, o cinema não tem sido utilizado com a frequência e o enfoque desejáveis. A maioria das experiências relatadas ainda se prende ao conteúdo das histórias, às "fábulas" em si, e não discute os outros aspectos que compõem a experiência do cinema. O problema é que os filmes se realizam em nosso coração e em nossa mente menos como histórias abstratas e mais como verdadeiros mundos imaginários, construídos a partir de linguagens e técnicas que não são meros acessórios comunicativos, e sim a verdadeira estrutura comunicativa e estética de um filme, determinando, muitas vezes, o sentido da história filmada.

Dentro desta perspectiva, este livro deseja discutir não apenas com o professor interessado em iniciar-se no uso do cinema na sala de aula, mas também com aquele que deseja incrementar sua didática, incorporando filmes como algo mais do que "ilustração de aulas e conteúdos". Não pretendo que ninguém se torne crítico de cinema para tal. Enfatizo, de maneira acessível, não apenas os procedimentos básicos para analisar um filme, mas também procuro indicar inúmeras atividades práticas, que o professor poderá selecionar, adaptar, modificar e às quais poderá incluir outros filmes não sugeridos.

A primeira parte do livro é composta de três capítulos que, respectivamente, discutem: a relação do cinema com a escola, a linguagem e história do cinema e aponta para alguns procedimentos e estratégias de uso do cinema na sala de aula. Na segunda parte, inteiramente voltada para atividades práticas, mais de cem filmes são comentados e, a partir deles, sugiro inúmeras questões pontuais a serem desenvolvidas em sala de aula, sob forma de debates, pesquisas e projetos práticos. Não apenas todas as disciplinas tradicionais estão cobertas pelos filmes (algumas mais, outras menos), mas também todos os temas transversais e atividades especiais complementares, que apontam para um uso do cinema em sala de aula de maneiras pouco convencionais.

No final, o professor encontrará uma grande bibliografia, dividida de forma a organizar a leitura sobre o tema, bem como um pequeno glossário de termos cinematográficos. Apresento ainda mais dois anexos: as fichas técnicas resumidas dos filmes citados nas atividades e vários endereços e informações úteis, para que os professores possam ter sucesso em suas iniciativas próprias.

Reconheço que muitos filmes maravilhosos e importantes não foram incluídos em nossas atividades ou comentários. Nem sequer seria possível incluir uma lista pessoal completa, e muitos filmes que julgo fundamentais ficaram de fora por inúmeras razões. Também não me pautei por um juízo de valor rígido e subjetivo, pois muitos filmes incluídos não me agradaram esteticamente. A seleção dos filmes e os tipos de atividades foram baseados nos resultados de mais de seis anos de experiência, quando pude desenvolver cinco cursos e minicursos com professores das escolas particulares e públicas dos estados do Paraná e de São Paulo.

Gostaria de agradecer nominalmente a algumas pessoas: ao Edu e ao Cláudio, amigos e pesquisadores da história do cinema, pelas longas e agradáveis conversas que culminaram neste livro; ao André e à Carla, pela assessoria na área de Biologia; ao Eustáquio, pelas sugestões na área de Geografia; à Mariana, pelas dicas na área de ensino fundamental.

Finalmente, espero que as eventuais lacunas deste manual sirvam de estímulo ao professor-leitor, para que ele inclua outros filmes (velhos e novos) e transforme este livro no que ele realmente deseja ser: apenas o começo de uma aventura com o cinema em sala de aula. Com final imprevisível, mas feliz.

O CINEMA E A ESCOLA

O CINEMA E A ESCOLA: PROBLEMAS E POSSIBILIDADES

As novas linguagens no ensino e o cinema na sala de aula

O cinema pode ser considerado uma "nova" linguagem centenária, pois apesar de haver completado cem anos em 1995 a escola o descobriu tardiamente. O que não significa que o cinema não foi pensado, desde os seus primórdios, como elemento educativo, sobretudo em relação às massas trabalhadoras.

É importante lembrar que este livro irá se concentrar nas possibilidades de trabalho escolar com o cinema comercial (ficção ou documentário) e não nos vídeos educativos ou nas produções televisuais. Portanto, vamos analisar e discutir obras que não foram produzidas diretamente para o uso didático em sala de aula, mas para a fruição estética na sala de projeção. Obras que foram produzidas para a chamada "película" de filme e depois convertidas para o formato VHS ou DVD, o que, diga-se, tem permitido o seu uso escolar com maior agilidade, bastando possuir uma TV e um videocassete ou aparelho de DVD. O filme, nesse sentido, "é produzido dentro de um projeto artístico, cultural e de mercado – um objeto de cultura para ser consumido dentro da liberdade maior ou menor do mercado" (ALMEIDA, 2001: 7). Trabalhar com o cinema em sala de aula é ajudar a escola a reencontrar a cultura ao mesmo tempo cotidiana e elevada, pois o cinema é o campo no qual a estética, o lazer, a ideologia e os valores sociais mais amplos são sintetizados numa mesma obra de arte. Assim, dos mais comerciais e descomprometidos aos mais sofisticados e "difíceis", os filmes têm sempre alguma possibilidade para o trabalho escolar. O importante é o professor que queira trabalhar sistematicamente com o cinema se perguntar: qual o uso possível deste filme? A que faixa etária e escolar ele é mais adequado? Como vou abordar o filme dentro da minha disciplina ou num trabalho interdisciplinar? Qual a cultura cinematográfica dos meus alunos? Enfim, estas e outras questões serão recorrentes ao longo deste livro, na tentativa de sistematizar algumas possibilidades de uso do cinema na sala de aula e na esperança de que professores e alunos descubram outras tantas.

> Embora o cinema já seja utilizado há algum tempo por muitos professores, pelo menos desde o final dos anos 1980, só mais recentemente estão surgindo algumas propostas mais sistematizadas que orientem o professor. No campo das humanidades existe uma razoável bibliografia, e alguns autores tentam apontar para um trabalho que não apenas incorpore o conteúdo, a "história" do filme, mas também seus elementos de *performance* (a construção do personagem e os diálogos), linguagem (a montagem e os planos) e composição cênica (figurino, cenário, trilha sonora e fotografia). Este trabalho segue essa linha de análise. Acreditamos que é possível, mesmo o professor não se tornando um crítico cinematográfico altamente especializado, incorporar o cinema na sala de aula e em projetos escolares, de forma a ir muito além do "conteúdo" representado pelo filme.
>
> O significado de um texto/filme é o todo, amálgama desse conjunto de pequenas partes, em que cada uma não é suficiente para explicá-lo, porém todas são necessárias e cada uma só tem significação plena em relação a todas as outras (ALMEIDA, M. 2001: 29).

A utilização do cinema na educação

> (...) é importante porque traz para a escola aquilo que ela se nega a ser e que poderia transformá-la em algo vívido e fundamental: participante ativa da cultura e não repetidora e divulgadora de conhecimentos massificados, muitas vezes já deteriorados, defasados (...) (ALMEIDA, 2001: 48).

A utilização do cinema na escola pode ser inserida, em linhas gerais, num grande campo de atuação pedagógica chamado "mídia-educação" (BELLONI, 2001). Embora o conceito de mídia-educação seja mais aplicável à chamada "comunicação de massa" (televisão,

LEITURA COMPLEMENTAR 1

Material sobre cinema e escola desenvolvido pela Fundação de Desenvolvimento da Educação de São Paulo.

No começo da década de 1990, a Fundação para o Desenvolvimento da Educação, ligada ao governo de São Paulo, desenvolveu uma série de reflexões sobre o uso do cinema em sala de aula e projetos escolares. Não podemos deixar de citar a importância desse material, que tentou discutir o uso do cinema em sala de aula em bases pedagógicas mais sólidas, propondo uma reflexão que já apontava para a necessidade de incorporar a linguagem fílmica no trabalho escolar com o cinema. Foram desenvolvidos os seguintes materiais (textos e vídeos):

Quadro a quadro

Reúne experiência, reflexões e debates sobre arte e educação, particularmente o uso do cinema no espaço escolar.

Lições com cinema (textos)

• **V. 1:** Reúne textos que expõem a contribuição da arte cinematográfica nas discussões sobre temas polêmicos, estabelecendo as relações interdisciplinares do cinema com a Literatura, História e Geografia.

• **V. 2:** Reúne textos que complementam os *Apontamentos*, abordando assuntos referentes ao universo escolar, na perspectiva tanto dos programas curriculares quanto da formação dos quadros do magistério e das relações presentes na escola, bem como ao exame de como eles aparecem refletidos na produção fílmica.

• **V. 3:** Reúne textos que registram informações e reflexões da trajetória do cinema e seus artistas, aproximando a dimensão das emoções transmitidas a todos aqueles que, interessados na arte cinematográfica, o fazem com os olhos voltados para a educação.

• **V. 4:** Reúne textos sobre o cinema de animação abordando sua história, técnica e expressão, tipos de produção e personagens marcantes.

> **Vídeos**
>
> • *Recriando o olhar* (9 min.)
>
> Breve apanhado das origens do cinema, com cenas de filmes importantes no desenvolvimento da arte cinematográfica.
>
> • *O olhar recortado* (13 min.)
>
> Precedido pela produção *Recriando o olhar*, trata da linguagem cinematográfica, estabelecendo suas características específicas; faz breve comparação com outras modalidades artísticas.

rádio e as TIC – Tecnologias de Informação e Comunicação, como um todo), o cinema, enquanto indústria cultural, também é uma forma de mídia moderna, voltada cada vez mais para um espectador formado pelas novas TIC, ao menos nas suas expressões mais populares. A peculiaridade do cinema é que ele, além de fazer parte do complexo da comunicação e da cultura de massa, também faz parte da indústria do lazer e (não nos esqueçamos) constitui ainda obra de arte coletiva e tecnicamente sofisticada. O professor não pode esquecer destas várias dimensões do cinema ao trabalhar filmes em atividades escolares.

É preciso levar em conta uma situação psicológica muito peculiar a todo espectador de cinema, que ocorre em maior ou menor grau: "O cinema é sempre ficção, ficção engendrada pela verdade da câmera (...) o espectador nunca vê cinema, vê sempre filme. O filme é um tempo presente, seu tempo é o tempo da projeção" (ALMEIDA, 2001: 40). Esta característica implica uma relação muito empática do espectador com o filme a que assiste. A tendência é que o aluno (e mesmo o professor) reproduza uma certa situação psicossocial trazida pela experiência na sala de projeção (ou na sala caseira de vídeo) para a sala de aula. Portanto, é preciso que o professor atue como mediador entre a obra e os alunos, ainda que ele pouco interfira naquelas duas horas mágicas da projeção. As primeiras reações da classe podem ser de emoção ou tédio, de envolvimento ou displicência. As diferentes expectativas e experiências cotidianas dos alunos ao assistirem aos filmes será o primeiro passo em relação à atividade "cinema na sala de aula". A partir desta primeira manifestação é preciso que o professor atue como mediador, não apenas preparando a classe antes do filme como também propondo desdobramentos articulados a outras atividades, fontes e temas. No capítulo "como assistir a um filme na sala de aula", iremos desenvolver melhor essas questões. Esses aspectos são importantes pois, mesmo reconhecendo que o uso do cinema na sala de aula procura relacionar a escola à cultura cotidiana mais ampla, esse tipo de atividade não deve se diluir nela, apenas reproduzindo as expectativas, formas e leituras que já operamos cotidianamente. Se fosse assim, a escola seria desnecessária. É preciso que a atividade escolar com o cinema vá além da experiência cotidiana, porém sem negá-la. A diferença é que a escola, tendo o professor como mediador, deve propor leituras mais ambiciosas além do puro lazer, fazendo a ponte entre emoção e razão de forma mais direcionada, incentivando o aluno a se tornar um espectador mais exigente e crítico, propondo relações de conteúdo/linguagem do filme com o conteúdo escolar. Este é o desafio.

Uma das justificativas mais comuns para o uso do cinema na educação escolar é a ideia de que o filme "ilustra" e "motiva" alunos desinteressados e preguiçosos para o mundo da leitura. Particularmente, acho que esta ideia deve ser problematizada. Em primeiro lugar, o desinteresse escolar é um fator complexo, envolvendo aspectos institucionais, culturais e sociais muito amplos e não se reduz às insuficiências da escola e do professor, *stricto sensu*. Claro que as insuficiências e os problemas desses dois elementos são relevantes, apenas não explicam, por si, o desinteresse e a crise da escola nas últimas décadas. Fatores educacionais mais amplos, como a desvalorização da instituição escolar por parte do Estado e do conhecimento escolar por parte da sociedade (em que pesem todos os discursos contrários), a crise de autoridade como um todo e os problemas de formação e valorização dos profissionais da educação são fatores que não podem ser negligenciados e fogem dos limites deste livro. Apenas reiteramos nossa posição: o uso do cinema (e de outros recursos didáticos "agradáveis") dentro da sala de aula não irá resolver a crise do ensino escolar (sobretudo no aspecto motivação), nem tampouco substituir o desinteresse pela palavra escrita.

As competências e habilidades em torno desta, na minha opinião, ainda devem ser o eixo do trabalho escolar, mesmo perpassadas por outras linguagens fundamentais do mundo moderno, como a audio-visual, iconográfica e sonora.

Quanto mais elementos da relação ensino-aprendizagem esti-mularem o interesse do aluno e quanto mais a alfabetização, no sentido tradicional da expressão, estiver avançada, tanto mais o uso do cinema na sala de aula será otimizado. Esta é uma pre-missa importante, pois não concordo com certas propostas de uso de recursos e fontes de aprendizagem inovadoras como fórmulas mágicas de salvação da escola. Além disso, devemos ter cuidado com modelos prontos de uso de novas linguagens na sala de aula. O importante é que, valendo-se de sistematização básica e de troca constante de experiências, todo professor e toda escola criem seus próprios mecanismos e procedimentos e, mais importante ainda, reflitam coletivamente sobre eles.

O CINEMA NA EDUCAÇÃO ESCOLAR: O PROBLEMA DA ADEQUAÇÃO E ABORDAGEM DO FILME NA ESCOLA

Ao escolher um ou outro filme para incluir nas suas atividades escolares, o professor deve levar em conta o problema da adequação e da abordagem por meio de reflexão prévia sobre os seus objetivos gerais e específicos. Os fatores que costumam influir no desenvol-vimento e na adequação das atividades são: possibilidades técnicas e organizativas na exibição de um filme para a classe; articulação com o currículo e/ou conteúdo discutido, com as habilidades deseja-das e com os conceitos discutidos; adequação à faixa etária e etapa específica da classe na relação ensino-aprendizagem.

Possibilidades técnicas e organizativas

Evidentemente, não se trata de condicionar o uso do cinema na escola à existência de condições ideais de reprodução da experiência dentro de uma sala de cinema adequada, com tela, projetor, poltronas confortáveis, pipoca, ar-condicionado e som estéreo. Hoje, o problema da falta de recursos técnicos para o uso didático do cinema nas escolas públicas brasileiras já está praticamente resolvido, ao menos nos grandes centros. Nas escolas particulares, obviamente, esse problema é menor ainda. Praticamente todas as escolas têm ao menos um aparelho de televisão acoplado a um videocassete. Isto basta para viabilizarmos nossas atividades com filmes? A princípio, sim. Mas alguns problemas podem surgir.

O mais corriqueiro é descobrir, em cima da hora, que o vídeo, o aparelho de TV, ou ambos, estão quebrados. Para evitar este problema, que pode ocasionar uma pequena rebelião entre os alunos, basta verificar as condições dos aparelhos de reprodução antes de planejar as atividades.

Outro problema comum é planejar o uso de um filme que você, professor, assistiu há dez anos, achou maravilhoso e adequado para a sua matéria, e descobrir, também em cima da hora, que ele está fora de catálogo ou não existe em nenhuma locadora em um raio de cem quilômetros. Para evitar a substituição improvisada do filme, basta mapear com antecedência sua existência no seu bairro ou na cidade (ou em acervos de videotecas públicas ou privadas).

Esses dois tipos de problema são básicos e simples, e se diluem quando o professor planeja suas atividades e assume o uso do cinema como atividade sistemática.

Mas existem algumas dificuldades técnicas mais complicadas. Por exemplo, a famosa incompatibilidade entre a aula de cinquenta minutos e o filme de duas ou três horas. Mais adiante vamos desenvolver melhor algumas sugestões de procedimento com relação a isso. Duas soluções básicas: ou se consegue negociar a aula de outro professor (quem sabe empregando um filme de maneira interdisciplinar) ou o professor-cinéfilo utiliza sua "aula-dobradinha". Detalharemos mais adiante como é possível lidar de outras formas com este problema, conforme os recursos e as possibilidades do grupo de alunos envolvidos.

Outro obstáculo sempre complicado é a inadequação da sala de aula para a exibição de filmes. Seja porque a televisão é muito pequena para o tamanho da sala, seja porque a luminosidade intensa atrapalha a visualização da tela do aparelho de TV, seja porque o barulho externo dificulta a concentração. Mesmo em algumas escolas particulares, com mais recursos e que reservam um espaço específico para a sala de vídeo, esse tipo de problema ocorre, pois elas não prestam a devida atenção na adequação deste ambiente à exibição de filmes.

O importante é conhecer os limites e as possibilidade técnicas antes mesmo de planejar suas atividades didático-pedagógicas com o cinema. A displicência do professor em relação a esses pontos, aparentemente banais, pode inviabilizar ou prejudicar o uso do cinema na sala de aula.

Articulação com o currículo/conteúdo, habilidades e conceitos

Existe outro nível de problemas e possibilidades do uso do cinema na sala de aula e em projetos escolares, que é a articulação com três categorias básicas da relação ensino-aprendizagem escolar: currículo/conteúdo, habilidades e conceitos.

a) Conteúdo curricular: os filmes podem ser abordados conforme os temas e conteúdos curriculares das diversas disciplinas que formam as grades do ensino fundamental e médio, tanto público como particular. Mais adiante vamos detalhar as possibilidades de abordagem por disciplina, além de propor alguns temas que podem ter um enfoque interdisciplinar, sem falar nos temas transversais definidos pelos PCNS, que encontram material abundante no argumento, no roteiro e nas situações representadas nos filmes.

b) Habilidades e competências: o trabalho sistemático e articulado com filmes em salas de aula (e projetos escolares relacionados) ajuda a desenvolver competências e habilidades diversas, tais como leitura e elaboração de textos; aprimoram a capacidade narrativa e descritiva; decodificam signos e códigos não verbais; aperfeiçoam a criatividade artística e intelectual; desenvolvem a capacidade de crítica sociocultural e político-ideológica, sobretudo em torno dos tópicos mídia e indústria cultural. Mais especificamente, o aluno pode exercitar a habilidade de aprimorar seu olhar sobre uma das atividades culturais mais importantes do mundo contemporâneo, o cinema, e, consequentemente, tornar-se um consumidor de cultura mais crítico e exigente.

c) Conceitos: os conceitos presentes nos argumentos, nos roteiros e nas situações direta ou indiretamente relacionadas com os filmes selecionados pelo professor são inumeráveis, podendo ser retirados ou inferidos diretamente do conteúdo fílmico em questão ou sugeridos pelos problemas e debates suscitados pelas atividades com cinema em sala de aula e projetos escolares.

Abordagem conforme a faixa etária e etapa de aprendizagem

O professor deve se lembrar, sempre, que ele não está reproduzindo o filme para si mesmo, para o seu próprio deleite intelectual ou emocional. Portanto, é preciso refletir sobre o público-alvo da atividade planejada, conhecendo seus limites e suas possibilidades gerais (faixa etária, etapa de aprendizagem), mas também mapeando, ainda que intuitivamente, o repertório cultural mais amplo e a cultura visual/cinematográfica dos alunos. Algumas perguntas básicas ajudam a orientar a escolha e a abordagem dos filmes:

a) Qual o objetivo didático-pedagógico geral da atividade?

b) Qual o objetivo didático-pedagógico específico do filme?

c) O filme é adequado à faixa etária e escolar do público-alvo?

d) O filme pode e deve ser exibido na íntegra ou a atividade se desenvolverá em torno de algumas cenas?

e) O público-alvo já assistiu a algum filme semelhante?

Além dessa preocupação, o professor, ao escolher os filmes para a sala de aula, deve ter o cuidado de respeitar os valores culturais, religiosos e morais dos alunos e de suas famílias, mesmo discordando deles. Não se trata de parecer simpático e conciliatório perante o grupo, e sim não bloquear a assimilação de um filme em consequência da precipitação em exibi-lo para uma classe que não estava devidamente preparada para aquele tipo de história e conteúdo, seja por limites culturais, morais ou religiosos. Em síntese, dois tipos de cuidados prévios são necessários para a seleção e abordagem dos filmes no ambiente escolar:

a) Adequação à faixa etária (a censura classificatória dos filmes pode ajudar neste sentido) e etapa de aprendizagem escolar (ciclos, anos, níveis).

b) Adequação ao repertório e aos valores socioculturais mais amplos e à cultura audiovisual específica do grupo de alunos envolvido na atividade.

Mesmo partindo do princípio que a escola não deve necessariamente reproduzir os valores e as habilidades preexistentes nos alunos e sim ampliá-los e problematizá-los, o início de todo o processo de ensino-aprendizagem deve partir de um diálogo com esses valores evitando o fenômeno do bloqueio pedagógico ocasionado pelo choque sociocultural mal encaminhado pelo professor. O recurso choque não é de todo problemático, mas o momento e o grau devem ser pensados com cuidado e devem fazer parte de uma estratégia pedagógica mais ampla. Este ponto é importante, na medida em que o conteúdo dos filmes pode agredir os valores ou simplesmente não fazer o menor sentido para os alunos. Em ambos os casos pode ocorrer o bloqueio pedagógico causado pelo choque sociocultural, sem que o professor tenha tido a intenção de provocá-lo. Não se trata apenas de evitar filmes "picantes" para os mais novos ou filmes "difíceis" e "lentos" para os adolescentes, até porque o conceito de filme "picante", "difícil" ou "lento" varia conforme o grupo social, a região, a faixa socioeconômica e os valores familiares. Trata-se apenas de refletir e ser cuidadoso no mapeamento do grupo de alunos e, assim, escolher o filme ou os filmes que irão compor as atividades com cinema em sala de aula. Neste sentido, existem filmes "picantes" que podem ser trabalhados pelo professor sem grandes sobressaltos, existem filmes "difíceis" que podem ser surpreendentemente assimilados pelos alunos mais jovens, assim como existem filmes "lentos" que podem emocionar o adolescente mais ansioso e irrequieto.

Alguns procedimentos básicos podem contornar esses problemas:

a) Selecione algumas cenas, para o caso de filmes de assimilação mais difícil ou que contenham cenas impróprias para a faixa etária à qual se destina a atividade.

b) Informe os alunos sobre os filmes e estimule a discussão e a pesquisa prévia sobre o filme a ser exibido (especialmente útil no caso de filmes com narrativa mais lenta, na medida em que provocam a empatia e o envolvimento com a história).

c) Minimize o impacto das cenas "picantes" (cenas de violência, simulação de ato sexual, linguagem mais grosseira) pela abordagem da discussão geral que o filme propõe.

As chaves de leitura e abordagem de cada filme, construídas conjuntamente pelo professor e orientadores, com base nas sugestões de especialistas e das próprias descobertas práticas na sala de aula, é que vão determinar o sucesso das atividades e a adequação dos filmes ao segmento específico de alunos que constituem o público-alvo das atividades. Não há fórmula mágica nem receita teórica que substituam a reflexão e a perspicácia do professor em relação aos seus alunos.

Assim, passamos a discutir algumas peculiaridades das três grandes faixas etárias/etapas de aprendizagem que envolvem o ensino fundamental e o médio.

O CINEMA NA EDUCAÇÃO INFANTIL E NOS PRIMEIROS CICLOS DO ENSINO FUNDAMENTAL (CINCO A DEZ ANOS): NARRATIVA, MÉTODO OPERACIONAL E FORMAÇÃO DE VALORES

O cinema pode ser utilizado na sala de aula e em projetos escolares desde os primeiros anos escolares. Neste momento o desenvolvimento da criança pode ser dividido em duas fases: dos cinco aos sete anos e dos oito aos dez anos. Neste momento, a criança ainda está marcada pela fase operatório-concreta e desenvolve seus primeiros contatos mais sistemáticos com a linguagem escrita, uma das marcas da educação escolar (embora no Brasil esta afirmação, infelizmente, não possa ser generalizada, dado nosso analfabetismo funcional crônico, mesmo em crianças escolarizadas).

Conforme justificativa da organização inglesa Film Education, o uso de filmes pode ser especialmente profícuo nos primeiros anos de escolarização devido a alguns fatores:

- Crianças desenvolvem a habilidade de ler imagens em movimento desde cedo e são muito adaptáveis para interpretar filmes, pois gastam um tempo considerável do seu lazer em frente à telinha da tv.

- Crianças aprendem, ao ver imagens em movimento, a compreender as convenções narrativas e prever possíveis desenvolvimentos na história, o que lhes será benéfico nos primeiros contatos com textos escritos.

- O estímulo e o interesse da criança provocados pelos filmes podem incentivá-las a ler textos mais complexos.

Mas existe uma armadilha em relação ao uso do cinema na sala de aula, particularmente problemática nessa faixa etária: o olhar crédulo da criança tende a considerar verdadeiro e real tudo que é visto no filme, pois a noção de realidade e representação, passado e presente, narrativas ficcionais e científicas estão ainda em construção. Portanto, o professor deve estar atento aos efeitos do filme no grupo e estar preparado para lidar com o olhar infantil sobre as imagens em movimento, ao mesmo tempo respeitando e valorizando a fantasia infantil, mas sem reforçar a assimilação das explicações pseudocientíficas, da ideologia e representação fantasiosa como sinônimo de verdade.

Portanto, é importante reiterar que o uso do cinema na sala de aula (incluindo os desenhos animados) não é uma atividade isolada em si mesma, podendo estimular outros tipos de aprendizado de conteúdos, habilidades e conceitos. A seguir, algumas possibilidades de uso da experiência social do cinema para o ensino infantil e primeiros anos do fundamental, conforme a área de interesse (extraído e adaptado do texto *Using film at key stage 1*. Disponível em: <http://www.filmeducation.org>:

Música

- Analisar a trilha sonora e música como expressão de sentimentos.
- Cantar as músicas do filme.
- Compreender a relação entre a música, o ritmo e o movimento imagético.

Arte

- Analisar as cores predominantes no filme.
- Conhecer as animações e os efeitos.
- Desenhar cartazes com base no filme.
- Aprofundar a representação das coisas observadas.
- Fazer colagens, máscaras e bonecos com base na história e nos cenários.

Códigos e linguagens

- Discutir opiniões sobre o filme.
- Recontar histórias e imaginar desdobramentos para o filme.
- Conhecer lendas e mitos de outras culturas.
- Resenhar a história do filme (oralmente, nos primeiros ciclos; por escrito, nos anos mais avançados).
- Desenvolver a noção de roteiros e narrativas.
- Entrevistar pessoas que assistiram ao mesmo filme.

Matemática

- Resolver problemas lógicos representados no filme.
- Desenvolver noção de duração e contagem de tempo.

Cidadania e ética

- Compartilhar opiniões sobre os filmes.
- Considerar os dilemas morais e sociais dos personagens.
- Conversar sobre as relações humanas representadas.
- Conversar sobre perdas e mudanças na vida dos personagens.

História

- Perceber como as pessoas do passado são representadas.
- Perceber diferentes visões da História.
- Desenvolver noções de pesquisa histórica valendo-se da reconstituição e representação do passado nos filmes.

Informática

- Pesquisar em CD-ROMS e *sites* dos filmes.
- Pesquisar e armazenar informações sobre os filmes.
- Selecionar e classificar informações.

Educação física

- Expressar as cenas e os personagens por meio de mímica corporal.
- Assimilar danças e movimentos do filme.

Geografia

- Pesquisar as culturas e os espaços sociais representados no filme.

- Comparar os lugares do filme com os lugares onde se vive.
- Desenvolver noções de ecologia.

Ciências

- Perceber e discernir as ilusões ópticas e os efeitos especiais presentes nos filmes.
- Acompanhar o desenvolvimento dos processos vitais representados.
- Desenvolver noções sobre luz e som.
- Assimilar valores e noções sobre meio ambiente.

O CINEMA NA PRÉ-ADOLESCÊNCIA (11 AOS 13 ANOS): PERCEPÇÃO E CURIOSIDADE SOBRE O MUNDO

O aluno pré-adolescente começa a desenvolver um olhar sobre o mundo e suas regras de funcionamento, percebe as diferenças entre os vários sistemas culturais, épocas históricas e civilizações extintas. No campo das ciências, o aluno tende a se interessar por máquinas e fenômenos mais complexos. Pode começar a surgir alguma competição e agressividade. É opinião de muitos professores que o aluno do 6º ano (ou equivalente) ainda apresenta características infantis e o aluno do 9º ano (ou equivalente) tende a se parecer mais com o aluno do 1º ano do ensino médio. Por isso, essas divisões são sempre indicativas e nada melhor do que a sensibilidade e experiência do professor, individualmente, em sala de aula. De maneira geral, o aluno ainda não está muito apto para o desenvolvimento de conceitos formais e se apresenta irrequieto e curioso.

Geralmente, os gêneros preferidos dos alunos nessa idade são aventura e ficção científica. As meninas tendem a demonstrar interesse por filmes românticos, embora esta divisão seja sempre problemática. O pré-adolescente tende a não gostar de filmes direcionados para "crianças" (sobretudo desenhos animados com temas muito infantis). Os filmes que falam do "outro" (choque de civilizações e culturas), épocas diferentes e tempos imemoriais (lembremos da "dinossauromania" que tomou conta dos alunos dessa faixa após *Parque dos Dinossauros*), temas sobre descobertas e invenções, funcionamento de máquinas e desenvolvimento de técnicas, todos estes elementos devem ser explorados com base em filmes que tenham narrativas em ritmo de aventura.

O próprio tema "como funciona o cinema" pode ser uma boa introdução às atividades, além de ser tema próprio para atividades interdisciplinares.

Toda a atividade deve ser muito bem planejada e acompanhada pelo professor, que deve distribuir um roteiro prévio com questões objetivas e solicitar um relatório simples das atividades.

O CINEMA NA ADOLESCÊNCIA E NO ENSINO MÉDIO (14 AOS 18 ANOS): INTERPRETAÇÃO E SENSO CRÍTICO

Nesta faixa etária o cinema normalmente já se torna mais presente na vida do aluno, na medida em que boa parte das produções cinematográficas mais comerciais é voltada para este perfil de consumidor. É possível perceber até mesmo uma certa segmentação deste tipo de cinema, buscando atingir os vários consumidores desta faixa, com toda uma gama de subgêneros voltada para atender essas demandas e interesses: filmes românticos, *trash movies*, comédias sobre ambiente escolar e colônias de férias, aventuras juvenis, dramas familiares envolvendo pais e filhos, paródias de filmes famosos etc. Neste tipo de produção é possível encontrar desde comédias grosseiras e pouco pertinentes ao trabalho escolar até filmes densos e profundos, tais como o clássico *Houve uma vez um verão/Verão de 42*, sobre a descoberta do amor e do sexo, e o agônico *Kids*, sobre as drogas e a aids.

Um dos subgêneros mais interessantes do cinema comercial, não diretamente voltado ao público infanto-juvenil e jovem, mas passível de ser trabalhado em sala de aula, são os dramas escolares, envolvendo professor e alunos. Este tipo de filme pode ser muito útil, sobretudo quando utilizado em cursos médios de formação de professores (magistérios), pois normalmente representam situações-limite envolvendo o trabalho pedagógico e as relações humanas em sala de aula. Desde o clássico *Ao mestre com carinho*, passando pelo interessante *Conrack* até o recente *Professor: profissão perigo*, os filmes sobre professores e alunos são especialmente interessantes como elementos de discussão e reflexão sobre práticas pedagógicas.

O professor deve levar em conta algumas características dessa faixa etária e escolar: aumento da interdependência grupal, maior interesse pelo sexo oposto, redefinições identitárias, questionamento do sentido existencial e social da vida e do mundo, primeiras exigências de vida civil (elementos que variam de intensidade conforme o grupo socioeconômico em questão). Estas características gerais, aliadas a maior capacidade de abstração, culminado em raciocínio operatório formal, podem permitir ao professor uma abordagem mais aprofundada e um maior adensamento das discussões possibilitadas pelos filmes. Além disso, a própria seleção dos filmes pode ser feita com maior ousadia. Certos temas e problemas de ordem existencial, psicológica, sociológica e ética podem e devem ser abordados, pois os alunos desta fase geralmente oscilam entre o tédio mortal perante a vida e a busca de excitação e posicionamento radicais perante as coisas e pessoas do mundo. Normalmente, o cinema mais direcionado ao público adulto tem maior capacidade de perturbar o espectador adolescente, e não é exagero afirmar que, em alguns casos, é particularmente responsável por um processo de formação de personalidade e valores morais e ideológicos. Mais um motivo para a escola trabalhar seriamente com esse tipo de fonte.

Em linhas gerais, o quadro de sugestões e formas de abordagem de um filme permanece o mesmo. O que se torna diferente é o aprofundamento das discussões temáticas, a maior complexidade do conteúdo escolar extraído e o tipo de obra cinematográfica escolhida. Outros dois elementos podem ser explorados com maior profundidade, sobretudo no ensino médio: a própria linguagem cinematográfica, ou seja, os recursos e dispositivos que o diretor, o roteirista, os atores utilizam para se expressar e a articulação mais aprofundada entre filme e contexto sócio-histórico.

O USO DIDÁTICO-PEDAGÓGICO DO CINEMA: POSSIBILIDADES E ARMADILHAS

Na nossa perspectiva, o cinema na sala de aula pode ser abordado pelo conteúdo, pela linguagem ou pela técnica, três elementos que estão presentes nos filmes.

O uso pelo conteúdo se divide, basicamente, em duas formas de abordagem:

- Fonte: um filme pode ser usado como fonte quando o professor direcionar a análise e o debate dos alunos para os problemas e as questões surgidas com base no argumento, no roteiro, nos personagens, nos valores morais e ideológicos que constituem a narrativa da obra. Neste caso, mesmo quando está articulado a um conteúdo curricular ou a um tema específico, é o filme que vai delimitar a abordagem e levar a outras questões. Este tipo de abordagem, partindo das representações do filme escolhido, também permite o exercício de aprimoramento do olhar do aluno e o desenvolvimento do seu senso crítico em relação ao consumo de bens culturais.

- Texto-gerador: o uso do filme como texto-gerador segue os mesmos princípios da abordagem anterior, com a diferença que o professor tem menos compromisso com o filme em si, sua linguagem, sua estrutura e suas representações, e mais com as questões e os temas (políticos, morais, ideológicos, existenciais, históricos etc.) que suscita. Esta abordagem pode ser particularmente útil em anos iniciais, faixas etárias menores e classes mais resistentes ao trabalho sistemático com a linguagem cinematográfica. O importante é não ficar apenas no filme como "ilustração", mas usar criticamente a narrativa e as representações fílmicas como elementos propulsores de pesquisas e debates temáticos.

O uso pela linguagem ocorre quando o professor não trabalha com as questões de conteúdo e representação narrativa do filme em si (a "história"), mas quando se utiliza do filme como mote para atividades de exercício do olhar (cinematográfico), formação de espectador, elaboração e aprimoramento de outras linguagens expressivas, motivadas pelo filme em questão (mas não se preocupando em analisá-lo de forma estrutural e abrangente). Também contém duas abordagens:

- Educando o olhar do espectador: um filme ou conjunto de filmes pode ser escolhido independentemente do seu conteúdo; o professor não precisa centrar sua abordagem no tema e conteúdo do argumento, roteiro e representação. Para algumas disciplinas, sobretudo Educação Artística, Educação Física e Português, as atividades com filmes em sala de aula podem, em si e por si, desenvolver habilidades e competências diversas, menos ligadas à problemática e discussão sobre o conteúdo do filme e mais às formas narrativas e aos recursos expressivos que o cinema, como linguagem, possui.

- Interagindo com outras linguagens (verbais, gestuais, visuais): como abordagem e atividade complementar à anterior, os filmes, independentemente da análise e problematização do seu conteúdo específico, podem servir para desenvolver outras habilidades, centradas na manipulação e decodificação de linguagens diversas (verbais, gestuais, visuais). Novamente, em disciplinas como Línguas e Literatura, Educação Artística, Teatro e Educação Física, com base em atividades com filmes, outras atividades e interações podem ser desenvolvidas, envolvendo desenvolvimento de textos valendo-se do roteiro original do filme, criação de outras situações e desenlaces, expressão corporal por meio do estudo dos personagens e das cenas, reprodução (em forma de desenhos, esculturas e gravuras) de cenários e figurinos e dramatização de algumas passagens pelos alunos.

No terceiro caso, o uso pela técnica do cinema, o mais importante é o estudo das técnicas e tecnologias que tornam o cinema possível (desde a filmagem até a exibição, em mídias variadas). Trata-se de uma abordagem alternativa ao conteúdo e representações dos filmes selecionados pelo professor, mais específica e apropriada às áreas de ciências naturais (biologia, física e química). Isto não quer dizer que o professor destas áreas não possa utilizar os argumentos, os diálogos e as sequências para discutir o conteúdo de sua disciplina. Trata-se de um campo de atividades a mais para o professor, que pode debater sobre diversos processos, etapas, tratamentos técnicos e tecnológicos dos materiais e efeitos presentes nos filmes, independentemente do seu conteúdo. Por exemplo:

- Na filmagem: materiais utilizados (cenário, figurino, maquiagem); efeitos mecânicos (instrumentos para movimentar as câmeras, recursos para cenas de ação), ópticos (iluminação do estúdio, lentes e filtros utilizados pela câmera) e efeitos gerais de estúdio (explosões, incêndios, inundações, desabamentos etc.).

- Na revelação e conservação da película de celuloide: processos químicos e físico-químicos utilizados na revelação do negativo; dificuldades de guarda e transporte das cópias dos filmes disponíveis; processos e técnicas de restauro de películas fílmicas antigas ou danificadas. Um bom complemento a esta atividade em sala de aula é agendar uma visita a cinemateca, museu da imagem e do som, cineclube ou cinema da cidade.

- Na edição e pós-produção: efeitos de continuidade dados pela montagem; efeitos especiais acrescentados na edição por processos físico-mecânicos ou digitais; sincronização do som e da trilha sonora com os fotogramas.

- No marketing, na distribuição, na exibição e na telecinagem: processos e tecnologias envolvidos no marketing (por várias mídias) e distribuição do filme (comunicação e transporte); tecnologias, materiais e processos envolvidos na exibição de um filme na sala de cinema; processos, materiais e tecnologias envolvidas na telecinagem.

DOCUMENTÁRIO

Neste livro não estamos enfatizando o trabalho com o documentário, embora seja um dos gêneros de filme (produzido para o cinema, vídeo ou TV) mais utilizados pelo professor em sala de aula e projetos escolares. Preferimos discutir o cinema ficcional, cujo conteúdo e cuja utilização em sala de aula têm sido menos discutidos do ponto de vista didático-pedagógico.

Normalmente, a abordagem do documentário se dá pelo conteúdo que ele veicula, como se fosse um olhar verdadeiro e científico sobre o tema ou questão retratada. Por mais que os documentários sejam frutos de trabalhos aprofundados e sérios, contando em muitos casos com assessorias pedagógicas competentes, o professor deve evitar partir do princípio que a abordagem dada pelo documentário é a única possível ao tema retratado ou que o conteúdo mostrado é a realidade social ou a verdade científica sobre o assunto. O documentário, mesmo o mais didático e voltado para o público escolar, é um gênero de filme que implica um conjunto de regras de linguagem para a elaboração do roteiro, técnicas de filmagem, princípios de montagem e edição, ou seja, implica um conjunto de escolhas dos profissionais envolvidos na sua realização (até porque seria impossível uma abordagem totalitária e unívoca de um problema social ou fenômeno natural). Portanto, o professor deve saber reconhecer essas escolhas por meio do próprio produto final e apontar controvérsias, interpretações diferentes, problemas não aprofundados, enfim, todas as questões que o documentário em questão não abordou. Isto não significa retirar o mérito dos realizadores do filme ou desqualificá-lo. Apenas reforçamos a necessidade de o professor se preparar para atuar como mediador dos filmes exibidos, mesmo que eles sejam documentários sérios e aprofundados. A seguir, uma pequena tipologia de documentários e suas possibilidades e armadilhas:

- Documentários de divulgação científica: são muito comuns e amplamente divulgados e utilizados pelos professores nas escolas. Geralmente, transformam as teorias, invenções, os debates e os paradigmas científicos em linguagem simples e acessível, visando tanto o público infantil como o público geral leigo. Podem ser complementados com visitas a museus científicos e feiras de ciência.

- Documentários sobre fenômenos naturais: em alguns canais a cabo ocupam boa parte da programação. São interessantes na medida em que, geralmente, tentam explicar a gama de fenômenos que provocam grandes tragédias coletivas (inundações, avalanches, furacões, terremotos) e suas consequências sociais e humanas. As produções americanas, sobretudo, apresentam linguagem narrativa quase melodramática, que procura romper com a monotonia que, injustamente ou não, está relacionada ao gênero. Mas este é um aspecto que, superdimensionado, pode mais impressionar e estimular as percepções sensoriais do aluno do que explicar intelectualmente o fenômeno em estudo.

- Documentários sobre processos vitais, ecossistemas e ciclos da natureza: outro subgênero de muito sucesso dentro do gênero documentário. Apresenta variedade muito grande de abordagens, com qualidade e profundidade, à qual o professor deve estar muito atento. Neste subgênero existem desde produções divertidas, instigantes e com amplas possibilidades didático-pedagógicas, até produções sensacionalistas que mais se parecem com programas de crônica policial. Neste caso, incluímos certas produções que só exploram o sexo e a violência da "vida selvagem", sem maiores intenções científicas ou didáticas. Ou, em plano mais ameno, documentários que romantizam a natureza e demonizam o homem, sem aprofundar as causas sociais, econômicas e os complexos problemas envolvidos na questão ecológica.

- Documentários sobre temas e problemas atuais (jornalísticos): subgênero que também é farto, na maioria das vezes produzido para a televisão (aberta ou a cabo). Esta sutil diferença não deve passar despercebida pelo professor que quer trabalhar com este tipo de material documental-jornalístico. No tratamento jornalístico de temas ditos "atuais" (violência, política, cotidiano, cultura etc.) costumam ocorrer interferências ideológicas e interesses institucionais do grupo e da empresa que produziu o documentário. Por isso, é muito importante conhecer que empresa ou produtor financiou o filme, além de buscar informações sobre o diretor e roteirista, suas simpatias políticas, sua filiação ideológica e sua experiência profissional. É preciso saber se o documentário foi produzido por um grande grupo de comunicação, por um estúdio independente ou por uma emissora de televisão pública. São informações simples, conseguidas normalmente em rápidas pesquisas na internet ou em revistas especializadas em cinema.

- Documentários sobre temas históricos: geralmente o material veiculado por este tipo de documentário, obviamente mais voltado para trabalhos na disciplina História (mas não apenas), tem duas naturezas: material fílmico e iconográfico antigo, fruto de pesquisa em acervos pessoais e públicos; depoimentos de protagonistas ou especialistas no tema analisado, filmado/gravado pelos realizadores no momento da produção do documentário (ou filmagens realizadas nos locais onde os fatos ocorreram). Alguns documentários históricos trabalham apenas com o material antigo reeditado pelo diretor (*Getúlio Vargas*), outros com colagens de fotografias e iconografias entremeadas por depoimentos de historiadores (*A guerra do Brasil*), e outros com base na memória e transmissão oral da história (*Shoah*). Estes e outros tipos de linguagem e materiais constituintes do documentário histórico revelam posturas diante do passado que, por sua vez, podem sugerir visões ideológicas e políticas diferentes.

- Documentários antropológicos: podem ser produzidos por estúdios de vídeo independentes, emissoras de televisão pública ou comercial ou ainda por pesquisadores do meio acadêmico (universidades e centros de pesquisa). O documentário de cunho antropológico não diz respeito somente às sociedades ditas "indígenas" ou "nativas" de uma região isolada do Planeta. Tem sido cada vez mais frequente a produção de material visual com edição simples e documentários com estrutura narrativa mais clássica sobre vários outros temas que podem ter aplicação em atividades escolares: subculturas jovens urbanas, relações familiares, comportamento

LEITURA COMPLEMENTAR 2:
OS VÁRIOS USOS DO CINEMA E VÍDEO NA ESCOLA

José Manuel Moran (*professor de novas tecnologias da pós-graduação da ECA-USP e da Universidade Mackenzie*)

Usos inadequados em aula:

- Vídeo-tapa-buraco: colocar vídeo quando há um problema inesperado, como ausência do professor. Usar este expediente eventualmente pode ser útil, mas se for feito com frequência desvaloriza o uso do vídeo e o associa – na cabeça do aluno – a não ter aula.

- Vídeo-enrolação: exibir um vídeo sem muita ligação com a matéria. O aluno percebe que o vídeo é usado como forma de camuflar a aula. Pode concordar na hora, mas discorda do seu mau uso.

- Vídeo-deslumbramento: o professor que acaba de descobrir o uso do vídeo costuma empolgar-se e passa vídeo em todas as aulas, esquecendo outras dinâmicas mais pertinentes. O uso exagerado do vídeo diminui a sua eficácia e empobrece as aulas.

- Vídeo-perfeição: existem professores que questionam todos os vídeos possíveis porque possuem defeitos de informação ou estéticos. Os vídeos que apresentam conceitos problemáticos podem ser usados para descobri-los, junto com os alunos, e questioná-los.

- Só vídeo: não é satisfatório didaticamente exibir o vídeo sem discuti-lo, sem integrá-lo com o assunto da aula, sem voltar e mostrar alguns momentos mais importantes.

Propostas de utilização:

- Vídeo como sensibilização: é, do meu ponto de vista, o uso mais importante na escola. Um bom vídeo é interessantíssimo para introduzir um novo assunto, para despertar a curiosidade, a motivação para novos temas. Isso facilitará o desejo de pesquisa nos alunos para aprofundar o assunto do vídeo e da matéria.

• Vídeo como ilustração: o vídeo muitas vezes ajuda a mostrar o que se fala em aula, a compor cenários desconhecidos dos alunos. Por exemplo, um vídeo que exemplifica como eram os romanos na época de Júlio César ou Nero, mesmo que não seja totalmente fiel, ajuda a situar os alunos no tempo histórico. Um vídeo traz para a sala de aula realidades distantes dos alunos, como, por exemplo, a Amazônia ou a África. A vida se aproxima da escola através do vídeo.

• Vídeo como simulação: é uma ilustração mais sofisticada. O vídeo pode simular experiências de química que seriam perigosas em laboratório ou que exigiriam muito tempo e muitos recursos. Um vídeo pode mostrar o crescimento acelerado de uma planta, de uma árvore – da semente até a maturidade em poucos segundos.

• Vídeo como conteúdo de ensino: vídeo que mostra determinado assunto de forma direta ou indireta. De forma direta, quando informa sobre um tema específico orientando a sua interpretação. De forma indireta, quando mostra um tema, permitindo abordagens múltiplas, interdisciplinares.

• Vídeo como produção:

a) Como documentação, registro de eventos, aulas, estudos do meio, experiências, entrevistas, depoimentos. Isto facilita o trabalho do professor, dos alunos e dos futuros alunos. O professor deve poder documentar o que é mais importante para o seu trabalho, ter o seu próprio material de vídeo, assim como tem os seus livros e apostilas para preparar as suas aulas. O professor estará atento para gravar o material audiovisual mais utilizado, para não depender sempre do empréstimo ou aluguel dos mesmos programas.

b) Como intervenção: interferir, modificar um determinado programa, um material audiovisual, acrescentando uma nova trilha sonora ou editando o material de forma compacta ou introduzindo novas cenas com novos significados. O professor precisa perder o medo, o respeito ao vídeo, assim como ele interfere num texto escrito, modificando-o, acrescentando novos dados, novas interpretações, contextos mais próximos do aluno.

c) Como expressão, como nova forma de comunicação, adaptada à sensibilidade principalmente das crianças e dos jovens. As crianças adoram fazer vídeo e a escola precisa incentivar ao máximo a produção de pesquisas em vídeo pelos alunos. A produção em vídeo tem uma dimensão moderna, lúdica. Moderna, como um meio contemporâneo, novo e que integra linguagens. Lúdica, pela miniaturização da câmera, que permite brincar com a realidade, levá-la junto para qualquer lugar. Filmar é uma das experiências mais envolventes tanto para as crianças como para os adultos. Os alunos podem ser incentivados a produzir dentro de uma determinada matéria, ou dentro de um trabalho interdisciplinar. E também produzir programas informativos, feitos por eles mesmos e colocá-los em lugares visíveis dentro da escola e em horários em que muitas crianças possam assistir a eles.

• Vídeo como avaliação: dos alunos, do professor, do processo.

• Vídeo-espelho: vejo-me na tela para poder compreender-me, para descobrir meu corpo, meus gestos, meus cacoetes. Vídeo-espelho para análise do grupo e dos papéis de cada um, para acompanhar o comportamento individual, do ponto de vista participativo, para incentivar os mais retraídos e pedir aos que falam muito para darem mais espaço aos colegas. O vídeo-espelho é de grande utilidade para o professor se ver, examinar sua comunicação com os alunos, suas qualidades e defeitos.

• Vídeo como integração/suporte de outras mídias:

a) Vídeo como suporte da televisão e do cinema. Gravar em vídeo programas importantes da televisão, para utilização em aula. Alugar ou comprar filmes longa-metragem e documentários, para ampliar o conhecimento de cinema; iniciar os alunos na linguagem audiovisual.

b) Vídeo interagindo com outras mídias, como o computador, CD-ROM, videogames, *internet*.

Artigo publicado na revista **Comunicação & Educação**. São Paulo: ECA-Ed. Moderna, jan./abr. 1995, n. 2, pp. 27-35.

e preferências sexuais, grupos profissionais, confessionais (valores religiosos), étnicos e migrantes. Enfim, o documentário antropológico pode complementar o documentário jornalístico ou histórico, levando o aluno a perceber as diferenças e a plural idade possível de enfoque sobre a "realidade", bem como a estratégia de pesquisa, narrativa e seleção de material operada pelos realizadores (diretores, roteiristas, câmeras).

ALGUMAS QUESTÕES DO USO DO CINEMA EM DISCIPLINAS E ÁREAS ESPECÍFICAS

Como já foi sugerido, o professor poderá trabalhar com filmes na sala de aula, partindo de diversas abordagens (ver Parte 2). A abordagem mais comum tem como base os conteúdos disciplinares tradicionais, conforme os currículos em voga. Neste caso, o professor sugere uma análise do filme com base nas questões levantadas pela história ou por alguma cena em particular. A interdisciplinaridade também é uma possibilidade interessante, na medida em que mais professores de diferentes disciplinas estejam integrados às atividades. O filme é abordado em suas diversas perspectivas, sendo extraído o máximo de informação e questões para debate. O trabalho com tópicos, conceitos e problemas, conforme tendência sugerida pelos PCNs (sobretudo de ciências humanas), também é uma opção que poderá ser otimizada caso o professor trabalhe com vários filmes que abordem o mesmo tema, com pontos de vista diferentes. As atividades com temas transversais, sugeridas na Parte 2, são norteadas por esse viés. Finalmente, um tipo de trabalho mais difícil (e, talvez, mais criativo e interessante) é a elaboração de atividades especiais, que tanto podem ser desenvolvidas com base na linguagem e dos elementos narrativos do filme, como do cinema como processo social, técnico e econômico. O último capítulo deste livro apresentará algumas sugestões nesse sentido, mas a regra, no momento, é soltar a criatividade.

Dada a presença de conteúdos factuais, conceituais e atitudinais nos filmes, a gama de abordagens e atividades possível é muito grande. Em todas, seria interessante que o professor não se limitasse à "história" do filme (o que está sendo narrado), mas que tentasse abordar alguns aspectos da linguagem cinematográfica (como a história está sendo narrada, por exemplo). Eis algumas considerações gerais por disciplina, retomadas na Parte 2:

História

História é uma das disciplinas mais afeitas a atividades com cinema. O chamado "filme histórico" é um dos gêneros mais consagrados na história do cinema mundial. Geralmente, o filme histórico revela muito mais sobre a sociedade contemporânea que o produziu do que sobre o passado nele encenado e representado. O texto dos PCNS da área incorpora esta preocupação:

> No caso de trabalho didático com filmes que abordam temas históricos é comum a preocupação do professor em verificar se a reconstituição das vestimentas é ou não precisa, se os cenários são ou não fiéis (...) um filme abordando temas históricos ou de ficção pode ser trabalhado como documento, se o professor tiver a consciência de que as informações extraídas estão mais diretamente ligadas à época em que a película foi produzida do que à época que retrata (...) Para evidenciar o quanto os filmes estão impregnados de valores da época com base na qual foram produzidos tornam-se valiosas as situações em que o professor escolhe dois ou três filmes que retratem um mesmo período histórico e com os alunos estabeleça relações e distinções, se possuem divergências ou concordâncias no tratamento do tema (...) Todo o esforço do professor pode ser no sentido de mostrar que, à maneira do conhecimento histórico, o filme também é produzido, irradiando sentidos e verdades plurais (*Parâmetros curriculares nacionais – 5ª a 8ª séries – História*. MEC, 1998, pp. 88).

Este é um aspecto fundamental que o professor deve levar em conta e remete a duas armadilhas no uso do cinema na sala de aula: o anacronismo e efeito de super-representação fílmica (ou seja, o que é visto é assimilado como verdade absoluta). O anacronismo ocorre quando os valores do presente distorcem as interpretações do passado e são incompatíveis com a época representada. No filme histórico, ele pode decorrer não apenas da liberdade poética dos criadores do filme e das adaptações necessárias para que ele agrade ou atinja determinado público, mas também do fato de a representação do passado no cinema estar perpassada por questões contemporâneas ao momento histórico que produziu o filme. Respeitar e valorizar as abordagens (e interpretações) plurais de um mesmo fato ou processo histórico não significa se eximir diante do anacronismo, muito comum em alguns filmes. Há um limite para a interpretação, que deve estar coerente com a mentalidade, os valores e as visões de mundo da época estudada. O cinema não tem esse compromisso, pois se destina ao público contemporâneo ao momento de sua produção. O professor deve saber lidar com essa questão e não cobrar "verdade histórica" nos filmes, porém não deve deixar de problematizar eventuais distorções na representação fílmica do período ou da sociedade em questão.

Por outro lado, o efeito da super-representação pode ser particularmente forte em crianças mais novas, decorrente da força que a imagem (particularmente a imagem fílmica) possui como experiência simulada da realidade. Também conhecido como efeito "túnel do tempo", essa experiência pode induzir a uma assimilação direta, sem mediações, da representação fílmica como simulacro da "realidade histórica". O professor não deve temer esse efeito, normal até certo nível e responsável pela experiência emocional e sensorial do cinema. Trata-se de saber lidar com ela, realizando um conjunto de mediações pedagógicas antes e depois do filme.

Geografia

O cinema europeu, americano e mesmo brasileiro sempre se inspirou em lugares e culturas distantes para usar como temas. Basicamente, os filmes que falam de culturas não ocidentais e lugares exóticos são os mais afeitos ao trabalho da Geografia. Mas não apenas. Filmes que tratam da representação da vida nas grandes cidades, dos problemas ambientais, do convívio entre etnias no mesmo país têm sido recorrentes no cinema atual. Se no passado o cinema comercial americano e europeu abusou do etnocentrismo para representar outras culturas e outros lugares (índios, africanos e asiáticos), muitos filmes sugerem a possibilidade, pelo próprio conteúdo, de crítica ao etnocentrismo e à mentalidade imperialista. Assim, a grande armadilha é aceitar a representação ideológica do outro sem críticas, pois isso acarreta, entre outras coisas, a simplificação de culturas e lugares que, na realidade, são diversos e complexos.

Biologia

Não apenas filmes de ficção científica, mas também filmes de aventura ou dramas sobre ambientes naturais e processos vitais podem servir para o professor de Biologia problematizar e desdobrar discussões sobre o conteúdo de sua disciplina. Nesses filmes, podemos encontrar representações da biosfera, da genética ou de ecossistemas. Além disso, alguns filmes podem se articular com as categorias gerais que organizam a área de ciências da natureza – investigação e compreensão. Nos filmes de ficção científica abundam procedimentos investigatórios e explicações dos fenômenos (muitas vezes sobrenaturais) que normalmente são seu mote. Quase sempre essas explicações e procedimentos são questionáveis e não possuem base científica aprofundada, mas podem fornecer um contraponto interessante com o campo científico real e as verdadeiras descobertas e explicações.

Física

Novamente os filmes de ficção científica, sobretudo sobre o espaço sideral, são os primeiros a ser lembrados pelo professor de Física. Mas a física está presente em outros tipos de filme, sobretudo nos de aventura (que, aliás, abusam de movimento e deslocamento de corpos e objetos), ou sobre desastres naturais (um dos gêneros mais corriqueiros no cinema comercial). Nesses gêneros e subgêneros cinematográficos um olhar mais atento do professor pode identificar e mapear cenas que tangenciam diversos campos da física: termodinâmica, cinemática, mecânica, óptica, eletromagnetismo e cosmologia. Além do conteúdo das cenas, o professor dessa disciplina deve estar atento aos efeitos especiais, às texturas da fotografia, aos efeitos de luz e som, enfim, aos diversos elementos técnicos que compõem o filme e que podem ser objeto de discussão em classe.

Matemática

Além das regras da Aritmética, Álgebra, Estatística e Geometria, o ensino moderno de Matemática está cada vez mais voltado para o desenvolvimento do raciocínio lógico-dedutivo, aplicável ao cotidiano e a problemas não quantificáveis. Relativo ao primeiro conjunto, alguns filmes podem, a partir do seu conteúdo, servir de fonte geradora de discussão. No caso da Geometria, a experiência do cinema pode gerar um conjunto de atividades interessantes, à medida que o aluno-espectador assimila formas, objetos e espaços organizados e representados no filmes, podendo abstraí-los, reproduzi-los e dimensioná-los em atividades subsequentes. Em relação ao raciocínio lógico-dedutivo, aplicável nas questões não quantificáveis, um gênero de filmes é particularmente rico para as atividades em sala de aula: o policial. Obviamente, o professor deve tomar algum cuidado na escolha do filme, pois alguns (sobretudo sobre *serial killers*) são particularmente violentos e inadequados para determinadas faixas etárias ou podem gerar certas rejeições por parte de espectadores mais sensíveis. Mas, com os devidos cuidados na escolha, o gênero policial-detetivesco pode servir para desenvolver formas de pensamento lógico-dedutivo por meio da organização mental de elementos observáveis na realidade. Os bons detetives nada mais fazem que isso.

Língua portuguesa

Como toda obra de arte, o cinema pode estimular o desenvolvimento da linguagem verbal e da compreensão textual. Além disso, o cinema em si constitui uma das linguagens mais importantes do mundo moderno, possuindo códigos próprios de significação. Boa parte dos filmes exibidos no Brasil é estrangeira e, neste caso, os filmes possuem legendas que exigem do espectador maior habilidade de leitura quanto mais complexo e narrativo for o filme. É muito comum encontrar espectadores que resistem a ir ao cinema e preferem ver os filmes na TV, dublados, pois têm dificuldade de ler e acompanhar as legendas.

LEITURA COMPLEMENTAR 3: DOS FILMES MUDOS À REDAÇÃO: UMA EXPERIÊNCIA

A professora Lininalva Rocha Queiroz, da Escola Municipal Barbosa Romeo, em Salvador, encontrou uma utilização bastante original para filmes em projetos escolares. Com base nos filmes de Charles Chaplin, ela elaborou um projeto de estímulo e reforço a alunos recém-alfabetizados na faixa de 13 a 21 anos. O objetivo era desenvolver a capacidade comunicativa da turma e vencer o desinteresse pela escola. Assim o tema gerador foi proporcionado pelos filmes *O grande ditador* e *Tempos modernos*, entre outros, e a atividade consistia em discutir os filmes, o enredo, recontar a narrativa oralmente, passá-la para o papel. Num primeiro momento a redação deveria ser feita a quatro mãos, para depois ser reelaborada individualmente. Com o sucesso da iniciativa, a professora pediu que os alunos produzissem resenhas críticas sobre o filme e não meras narrativas recontadas. Paralelamente, os alunos aperfeiçoavam a leitura, trabalhando com críticas de cinema publicadas em jornais. Por fim, tinham que escolher o filme de que mais gostaram e produzir uma resenha, tentando atingir um grau cada vez maior de sofisticação de linguagem e articulação de ideias.

Por tudo isto, a professora Lininalva ganhou o prêmio da Fundação Victor Civita – Professor nota 10, de 2001.

Esta talvez seja apenas uma entre centenas, milhares talvez, de iniciativas que não se tornaram conhecidas, mas que desempenham papel fundamental nas batalhas contra a mediocridade e a falência definitiva do sistema de ensino no Brasil. Todas essas iniciativas têm algo em comum: professores criativos, com capacidade de iniciativa, que se prepararam e buscaram instrumentos para transformar ideias em projetos viáveis.

O que confirma a suposição de que, para reverter a crise do ensino no Brasil, precisamos menos de programas oficiais multimilionários e teorias milagrosas, e mais de bons professores (de preferência, bem pagos), papel e lápis. Acrescentaríamos, da nossa parte, uma televisão e um videocassete.

Esse fenômeno, por si, demonstra a possibilidade das atividades com filmes no estímulo e na articulação com experiências de leitura textual, que podem começar desde criança. Ou seja, independentemente do conteúdo específico do filme, a leitura das legendas pode se articular com o trabalho geral de alfabetização, abrindo um conjunto de possibilidades a outras atividades relacionadas, sendo a mais comum a produção de textos escritos com base nos filmes vistos, seja para recontar a história, sugerir outros finais, descrever cenas e personagens ou, nos anos mais avançados, produzir relatórios de análise dos filmes a título de interpretação de texto (fílmico). No campo da literatura brasileira e portuguesa, existem adaptações literárias de romances clássicos e modernos, permitindo um trabalho instigante de comparação dos textos literários com as respectivas adaptações fílmicas.

Língua estrangeira

Na medida em que cerca de 80% dos filmes exibidos no cinema ou disponíveis em VHS ou DVD são de origem americana ou em língua inglesa, o estudo do inglês a partir do cinema é um dos campos privilegiados de atividades em sala de aula. A dificuldade é que quase sempre o inglês utilizado nos filmes é coloquial ou abusivo em gírias e expressões idiomáticas, dificultando o trabalho de iniciação nessa língua. De qualquer forma, selecionando trechos acessíveis e comparando as traduções nas legendas (o DVD permite até mesmo retirá-las), o professor pode otimizar o trabalho com a língua inglesa e treinar o ouvido do aluno para as inflexões e os sotaques peculiares presentes no filme.

Embora em menor quantidade, existem muitos filmes em espanhol e francês, duas das línguas mais estudadas no Brasil e presentes nos currículos de várias escolas públicas e particulares. Em relação ao espanhol, é possível comparar o espanhol falado na Espanha e o falado no México e na Argentina, três países que têm uma quantidade razoável de filmes disponíveis em VHS ou DVD. Para o estudo da língua espanhola, cuja dificuldade maior para os brasileiros está menos no vocabulário ou na sintaxe e muito mais na inflexão e na pronúncia das frases e palavras, o cinema é uma ótima fonte de aprendizado, pois permite a assimilação da língua falada de forma divertida e envolvente.

O cinema francês também está bastante presente no mercado brasileiro e, sendo um idioma cuja característica é uma certa diferença entre língua escrita e falada, pode ser um bom treino para o ouvido.

Outros idiomas menos estudados nas escolas brasileiras também estão disponíveis em nosso mercado: italiano, alemão, russo, polonês, sueco, holandês, persa, japonês, chinês e hindi.

Uma observação importante é que o moderno ensino de línguas estrangeiras se preocupa tanto em ensinar as regras gramaticais e de pronúncia como inserir o aluno na cultura original dos idiomas. Mais uma vez o cinema se abre como uma ponte para as culturas representadas nos filmes, estimulando ainda mais o aprendizado do idioma em questão.

Educação Física

Existem inúmeros filmes que trabalham com corpos em movimento, nas mais variadas situações: dança (clássica, de salão etc.), esporte, treinamento militar e lutas marciais (gênero, aliás, abundante e quase nunca de muita utilidade para trabalhos pedagógicos). Os filmes sobre dança (musicais ou não) e esporte são particularmente interessantes, mas existem outras possibilidades: por exemplo, um filme como *Meu pé esquerdo*, história de um garoto paraplégico que só consegue movimentar seu pé (esquerdo), pode ser interessante para a percepção corporal e o exercício de habilidades motoras. O professor pode, por exemplo, abordar dois planos: tanto a percepção em torno do trabalho do ator – Daniel Day-Lewis – quanto usá-lo como mote para jogos e atividades motoras variadas. A rigor, muitos filmes podem ser utilizados na Educação Física se o professor enfatizar o trabalho de expressão corporal, muitas vezes destacado e difícil, que o ator teve de fazer para construir seu personagem.

Informática

O complexo mundo da informática tem sido um dos principais campos de inspiração para argumentos fílmicos. Temas como *hardwares* e *softwares*, problemas e possibilidades que a informática vem causando no mundo contemporâneo, tramas envolvendo a rede mundial de computadores têm sido utilizados por diretores e roteiristas em diversos gêneros: ficção científica (como o clássico e profético *2001 – Uma odisseia no espaço*), policiais (*A rede*), comédias românticas (*Mensagem para você*) e dramas políticos (*Jogos de guerra*). Outra forma de abordagem é a partir da técnica de gravação, edição digital e efeitos especiais cada vez mais presentes nos filmes *blockbuster* (americanos, principalmente), que podem ser objeto de aprendizado e discussão. Por exemplo, a cena de batalha que abre o filme ou a reconstituição da Roma imperial em *Gladiador*, com sequências e cenários urbanos totalmente digitalizados, podem ser comparadas com filmes mais antigos do mesmo gênero (*Ben-Hur*, *Spartacus*), para que o aluno desenvolva um olhar sobre o resultado dessas alterações no padrão de filmagem e edição, podendo, ao mesmo tempo, ser levado a conhecer essas técnicas. No limite, o aluno pode exercitar estas técnicas de digitalização de imagem, reproduzindo-as para fins didáticos, na medida das possibilidades da escola e do seu laboratório de informática.

Educação Artística

Um dos argumentos que mais foram utilizados na história do cinema são as biografias dos chamados "grandes gênios" das artes. A maioria dos filmes se concentra nos aspectos psicológicos ou amorosos da vida do biografado, porém, mesmo nestes casos, algumas cenas ou sequências podem servir como fonte de aprendizado e debate. A maioria dos filmes sobre músicos se concentra na vida de compositores eruditos (*Amadeus*, *Minha amada imortal*, *Villa-Lobos, uma vida de paixão*) e *popstars* (*The Doors*, *A Rosa*). Recentemente houve interesse em instrumentistas (como no caso de *Shine* e

Hillary e Jackie) e, mais raramente, nos próprios instrumentos (*O violino vermelho*). Em todos esses casos, em que pese a ênfase em episódios biográficos, perfis psicológicos, idiossincrasias, vida familiar e amorosa, a trilha sonora e o momento histórico de criação das obras mais conhecidas podem ser explorados pelo professor para estimular a curiosidade do aluno. No caso da música erudita, os filmes geralmente veiculam trechos de sinfonias, óperas e outras formas ligadas ao compositor biografado, e estes trechos (geralmente os mais populares e melodicamente simples) podem servir de iniciação para a audição mais atenciosa da obra completa. Em síntese, existem três possibilidades gerais de abordagem: explorar os dados biográficos e históricos da vida do compositor ou musicista; explorar as obras musicais veiculadas pela trilha sonora do filme; explorar suas técnicas de composição ou interpretação. Isso vale tanto para a música erudita (um universo menos conhecido das gerações atuais) quanto para a música popular (universo mais acessível às crianças e aos jovens, porém cada vez mais segmentado, limitando o gosto musical, quase sempre muito restrito, à "tribo" a qual o jovem se identifica).

Quanto aos filmes sobre artistas plásticos (pintores e escultores, basicamente), o cinema também é muito rico em possibilidades. A tendência destes argumentos fílmicos é também enfatizar elementos episódicos da vida do biografado (*Camille Claudel*), seus dramas e paixões. Mas, igualmente, para um olhar mais atento do professor, surgem muitas possibilidades de trabalho didático-pedagógico. É mais comum nos filmes sobre artistas plásticos maior ênfase do roteiro nas conquistas e habilidades técnicas do artista (os procedimentos, instrumentos e materiais plásticos que foram empregados nas suas obras, caracterizando o estilo pessoal). Esse é um elemento que pode ser aproveitado pelo professor de Artes e está presente em vários trechos de importantes filmes sobre artistas clássicos e modernos (*Agonia e êxtase*, *Pollock*, *Basquiat*, dentre outros). Nesse sentido, esses trechos, devidamente selecionados, exibidos e comentados em classe pelo professor, podem ajudar o aluno a não apenas conhecer os aspectos biográficos e principais obras do artista biografado, mas também as técnicas e materiais utilizados nas artes plásticas. Já de outra perspectiva, de abordagem mais complexa, temos alguns filmes que, na sua fotografia (cor, textura e jogos de luminosidade) procuram recriar a experiência das artes plásticas. O filme mais exemplar, neste caso, é *Sonhos*, do grande diretor japonês Akira Kurosawa, no qual ele se inspira em telas de artistas famosos para compor cada um dos seis episódios do filme. Mas outros filmes também procuram recriar na telona do cinema a experiência visual da telinha dos pintores que se inspiraram nos quadros de Toulouse-Lautrec.

TEMAS INTERDISCIPLINARES ATUAIS

Movimentos sociais

O tema dos movimentos sociais, em suas diversas origens e formas de atuação (movimento operário, pacifista, estudantil etc.), é um dos mais presentes no cinema. Mesmo no cinema comercial americano/hollywoodiano, que procura fugir de temas polêmicos ou que possam causar dissabores ideológicos nas plateias, é possível encontrar muitas referências aos movimentos sociais e políticos. Neste tipo de cinema, a ênfase costuma recair nos dilemas dos indivíduos envolvidos com movimentos sociais ou em torno da biografia dos líderes, seus dramas, suas contradições e virtudes. No caso do cinema europeu, asiático ou latino-americano o foco narrativo, partindo da visão dos indivíduos envolvidos com os movimentos, costuma ser contrabalançado com uma visão mais abrangente, menos psicologizante, melodramática ou biográfica. No geral, os filmes mais interessantes para o uso escolar costumam balancear o seu roteiro entre as personalidades (líderes ou não) que constituem os movimentos e os aspectos mais coletivos e contextuais que estão por trás dos problemas sociais retratados. Os filmes com enfoque nos indivíduos e nas situações concretas, além de apresentar um tipo de narrativa mais acessível, são especialmente úteis para o uso escolar em ciclos e anos iniciais do ensino fundamental, nos quais a criança é particularmente sensível à empatia com personagens e situações concretas, suas intenções e seus sofrimentos. Entre os filmes que abordam os movimentos sociais, destacamos alguns: *Germinal, Eles não usam black-tie, Billy Elliot, Malcolm X.*

Política e conflitos

Utilizado pelo cinema hollywoodiano (também chamado pelos críticos de *blockbuster* ou "estoura bilheterias") e pelo cinema *cult*. No primeiro caso, o professor perceberá um enfoque nos indivíduos (em seus aspectos psicológicos ou estritamente biográficos) e, no segundo, uma busca para escapar dos padrões narrativos melodramáticos (superdimensão do sofrimento individual dos personagens) ou pré-valorativos (o Bem contra o Mal). Não que os filmes menos comprometidos com grandes bilheterias deixem de lado esse recurso, apenas seus diretores e roteiristas têm mais liberdade para retratar situações sociológicas de forma mais complexa, e debates ideológicos e políticos com maior profundidade. No caso do cinema *blockbuster*/hollywoodiano, os filmes biográficos sobre grandes líderes políticos (*Ghandi, Michael Collins*) e filmes de guerra são mais abundantes e, em menor número, os filmes sobre revoluções e guerras civis (*Salvador – O martírio de um povo, Rosa Luxemburgo, Dr. Jivago, Por quem os sinos dobram*). No caso do cinema mais autoral ou de cinematografias do Terceiro Mundo, é possível encontrar com maior frequência temas políticos e conflitos ideológicos mais polêmicos (*Terra e liberdade, Lamarca*).

Violência urbana

Não apenas os filmes de gênero policial podem ser usados para discutir o problema da violência urbana; os que retratam situações de marginalidade também são propícios a esse tipo de abordagem interdisciplinar. O professor pode explorar um contraste interessante entre a abordagem do problema pelos filmes comerciais produzidos nos EUA, os filmes europeus (que buscam um retrato mais realista da marginalidade) e os filmes brasileiros, que têm se servido desse argumento, de forma crescente, desde os anos 1970. Uma questão sempre delicada é como o filme trabalha a motivação dos "bandidos": ela pode aparecer como encarnação do "Mal", sem origens sociais ou psicológicas concretas (como na maioria dos filmes de aventura); como desvios causados por traumas individuais (como nos filmes sobre *serial killers*) e distorções de personalidade (como na maioria dos filmes policiais); como expressão de injustiças e distorções da estrutura social (abordagem muito comum nos filmes brasileiros e latino-americanos).

Indústria cultural e mídia

Ultimamente o cinema, mesmo aquele tipo mais ligado à indústria cultural e dependente da mídia e da propaganda (como o cinema americano), tem utilizado esse tema como argumento, criando uma espécie de metalinguagem crítica sobre os mecanismos de funcionamento dessa máquina cada vez mais determinante no mundo contemporâneo. Filmes como *Truman – o show da vida*, *O quarto poder*, *Mera coincidência* e *A era do rádio* permitem uma reflexão interessante sobre as regras e os mecanismos de construção dos bens culturais contemporâneos (filmes, programas de televisão, notícias), além dos circuitos massificados de distribuição destes bens (a mídia).

Esta atividade pode se articular com uma área pedagógica nova, ao menos no Brasil, mas que tende a crescer e ocupar espaço nas práticas escolares: a mídia-educação, área que se preocupa com a formação de senso crítico para os espectadores e consumidores da mídia (BELLONI, 2001).

Ética e cidadania

Este tipo de tema pode se articular com os temas dos movimentos sociais, políticas e conflitos. Filmes com esta interface são inúmeros e podem tangenciar a questão político-social mais estrita (*Eles não usam black-tie*), enfatizar as escolhas individuais dentro da estrutura social (*Nove rainhas*) ou se manter na discussão mais ampla da ética das relações humanas (*Crimes e pecados*). Outros filmes podem ser escolhidos pelo professor, que pode propor outras abordagens e cruzá-las com experiências pessoais dos alunos, sobretudo se eles estiverem na adolescência, fase de formação dos valores e da personalidade. É nesta faixa escolar/etária que se iniciam também as reflexões (ou não) sobre as escolhas ideológicas e políticas, na medida em que o direito de votar começa aos 16 anos.

Orientação sexual

Desde os primórdios do cinema, os filmes de ficção foram acusados pela opinião pública e pelos educadores mais conservadores de abuso de cenas eróticas e indução a comportamentos amorais. Exageros moralistas à parte, o tema da sexualidade, veiculado pelos filmes, tanto pode ser um ponto de partida sério e gerar discussões e processos de aprendizado interessantes quanto somente uma fonte de excitação e curiosidade para os alunos, cujo lugar não deve ser a escola. Novamente, a sensibilidade do professor na escolha e na abordagem adequada do filme em relação ao seu público-alvo específico é que vai ser o diferencial. O cinema está repleto de temas e tratamentos da sexualidade humana e, com efeito, muitas vezes os diretores simplesmente apelam às cenas de nudez e simulam atos sexuais. Hoje em dia o debate sobre a adequação de determinados filmes e determinadas cenas a certas faixas etárias é inócuo, na medida em que as próprias famílias, em muitos casos, já perderam o controle sobre o que seus filhos veem ou deixam de ver. De qualquer forma, a escola e o professor devem ter algum cuidado sobre esse tipo de atividade, pois pode ocorrer um choque pedagógico negativo, se o material e a abordagem não forem adequados e cuidadosos, sobretudo em se tratando das classes mais infantis. De qualquer forma, alguns filmes conseguem trabalhar o tema da sexualidade de forma séria, sem apelação e até de forma lírica. O cinema oferece ao professor o tema das Doenças Sexualmente Transmissíveis (DSTs) – que se articulam com o problema da saúde – em filmes como *Filadélfia* (que pode ser abordado pelo viés da luta pela cidadania). Muitos filmes tratam dos dilemas, dos dramas e das satisfações causados por opções sexuais diferentes (*Garotos não choram*, *Minha vida em cor-de-rosa*), da relação de respeito e tolerância diante do diferente (*Deuses e monstros, Morango e chocolate*), do casamento e relação entre os gêneros (*Lanternas vermelhas*), da descoberta da sexualidade, de forma traumática (*Kids*) ou lírica (*Houve uma vez um verão*).

Saúde

Este é um tema um pouco menos abundante como argumento de filmes. Algumas produções conseguem trabalhar a questão das drogas e do álcool (*Kids*), da saúde mental e neurológica (*Bicho de sete cabeças, Um estranho no ninho, Uma mente brilhante*), saúde pública (*Sonhos tropicais, Epidemia*) e saúde profissional (*Norma Rae*) de forma instigante, sendo possível encontrar até mesmo filmes que falem sobre a relação entre médicos e pacientes de forma crítica (*Caro diário* – episódio 3). O professor deve ter cuidado especial ao discutir a questão das drogas, pois certos filmes são direcionados para o público adulto, com maior capacidade de discernimento e escolha (por exemplo, *Tempo de violência* ou *O grande Lebowski*), e podem parecer apologia ao uso de drogas para olhares menos críticos. A utilização deste tipo de filme em sala de aula, sem cuidado maior ou direcionado para faixas etárias imaturas, pode causar sérios problemas ao professor. Mesmo direcionado para público de mais idade, o trabalho pode não ser compreendido pelos pais e outros educadores.

LEITURA COMPLEMENTAR 4: CINEMA PARA O PROFESSOR NA TV FUTURA: *CINE CONHECIMENTO* E *CINE PROFISSÕES*

Cine conhecimento

O programa *Cine Conhecimento* leva ao ar, semanalmente, um filme cujo enredo se relaciona com conteúdos curriculares do ensino médio (como Literatura, História e Geografia) e com comportamento. Nos intervalos são apresentadas e aprofundadas informações referentes aos assuntos tratados nos filmes. Os textos costumam ter boa qualidade e não se limitam a informações puramente contextuais em torno do tema do filme, mas provocam o olhar dos professores e alunos sobre os personagens, cenários, enquadramentos, o roteiro, enfim, sobre as questões que constituem a linguagem do cinema e suas formas de transmitir valores e mensagens. O catálogo se limita a filmes da Turner (proprietária da televisão a cabo TNT), o que, apesar de restrito, tem algumas vantagens, na medida em que estes filmes dificilmente são encontrados em vídeo. Nem sempre os filmes têm boa qualidade (artística ou técnica), mas quase sempre oferecem bons pontos de discussão em sala de aula. Alguns exemplos de filmes para a área de História, transmitidos pelo *Cine Conhecimento* em junho de 2002:

- *A carga da brigada ligeira* (colonização da Índia pelos britânicos, séc. XIX).

- *Tesouro do Barba Azul* (pirataria, séc. XVIII).

- *Quatro dias de rebelião* (nazismo e resistência italiana).

- *A terra desconhecida* (exploração do Polo Sul).

Cine profissões

O quadro *Cine Profissões* também pode interessar ao professor e aos orientadores educacionais, na medida em que exibe filmes que enfocam carreiras e profissões. Nos intervalos, vários profissionais tratam de diversas questões ligadas à profissão em questão (perspectivas, competências, mercado de trabalho, cursos, questões éticas). Novamente, a maior parte do catálogo contém filmes antigos, a maioria não disponível em VHS ou DVD. Alguns exemplos de junho de 2002:

- *O milho está verde* (professora).

- *Uma canção para você* (músico).

- *Caçada implacável* (defensor público).

- *Mercador de ilusões* (publicitário).

- *Marujo amoroso* (marinheiro).

Outro programa de destaque que pode ser muito útil para o professor aprender mais sobre filmes e cinema é "Rolo Extra", apresentado por Pedro Bial no Canal Brasil (canal a cabo da NET). Especializado no comentário de filmes brasileiros, com periodicidade semanal, *Rolo Extra* comenta e disseca vários aspectos de determinado filme brasileiro, em cartaz no Canal Brasil. Durante aproximadamente meia hora, Bial explora aspectos de linguagem, roteiro, técnica e importância estética e histórica do filme selecionado. Além de tudo, várias cenas importantes são comentadas e analisadas. Não faltam, obviamente, curiosidades, bastidores de filmagem e informações básicas sobre o filme, o diretor e os atores. *Rolo Extra* é particularmente importante para que os professores possam se preparar para trabalhar com cinema brasileiro e conhecer melhor as várias possibilidades de análise em torno de um filme.

A TV a cabo oferece ainda inúmeras possibilidades de contato com filmes que nunca foram lançados em vídeo ou que já estão fora de catálogo nas distribuidoras. Entre os canais especializados em filmes, destacamos: Canal Brasil (que exibe somente filmes brasileiros), Telecine Classic (que exibe somente filmes antigos, não apenas americanos, mas europeus), Film&Arts (clássicos e filmes de arte europeus), HBO e Telecines (filmes recentes, de 1980 para cá, em sua maioria). Vale a pena as escolas se informarem com as operadoras de TV a cabo sobre a possibilidade de assinaturas direcionadas às necessidades específicas do estabelecimento. Alguns canais, como o Futura, voltados para a educação, têm pacotes promocionais voltados para escolas.

Entre os canais abertos, o professor deve ficar atento à programação de filmes da TV Cultura de São Paulo. Esta emissora exibe filmes da importantíssima "Mostra de Cinema de São Paulo", realizada anualmente, reunindo filmes produzidos em países distantes e que estão fora do mercado cinematográfico nacional (como a maioria dos países do Oriente Médio, asiáticos e africanos), dando uma contribuição importante e acessível a todos que quiserem ampliar sua cultura cinematográfica para além do *shopping center* da esquina.

Trabalho

A maior parte dos filmes sobre este tema geralmente retrata a vida cotidiana e a luta dos trabalhadores, desde os primórdios da Revolução Industrial, por melhores condições de vida. Um conjunto menor de filmes se concentra nas atividades de indivíduos pertencentes a grupos profissionais mais específicos: programadores de computador, policiais, bombeiros, professores, operadores financeiros, escritores e jornalistas. Um terceiro subgrupo retrata um dos problemas mais graves dos últimos vinte anos: o desemprego. Portanto, o professor tem três chaves de leitura básicas, neste tema: a) a luta das classes trabalhadoras e sua vida cotidiana, dentro e fora do ambiente de trabalho (a maior parte se concentra na classe operária, até pela implicação político-ideológica que essa escolha representa); b) as habilidades, perfis, dificuldades e características de profissões diversas do mundo contemporâneo; c) o desemprego ou a ausência estrutural de postos de trabalho suficientes numa sociedade. Como exemplo podemos citar filmes clássicos como *Ladrões de bicicleta* e *Eles não usam black-tie*. Sobre o tema desemprego temos filmes vindos sobretudo da Europa (cujo drama social do desemprego estrutural vem dos anos 1970, bem antes da América Latina e dos EUA). É o caso da comédia *Nada a perder* e do drama *Meu nome é Joe*, ambos filmes ingleses. Algumas produções tratam a questão da falta de trabalho e perspectiva de vida sob óptica diferente: a busca de trabalho em terras estrangeiras, um drama humano que atinge os povos mais pobres da América Latina, Ásia e África. É o caso de *Pão e rosas*, *A hora da estrela* e *Terra estrangeira*.

Meio ambiente

Muitas vezes a abordagem é superficial e excessivamente romântica, válida para a consolidação de valores ecológicos, mas pouco explicativa da complexidade política, econômica e social do problema da agressão à natureza. De qualquer forma, o professor pode tomar o filme como começo de discussão e aprofundamento do tema. Neste viés se enquadram filmes como *Medicine man*, *Nas montanhas dos gorilas* e *Brincando nos campos do Senhor*. Mas alguns filmes conseguem problematizar de forma mais complexa e instigante a relação homem-natureza: *A Costa do mosquito* e *Síndrome da China* são dois bons exemplos. Uma pérola sobre o tema é o curta-metragem brasileiro *Ilha das flores* (infelizmente não muito fácil de localizar), um dos filmes mais tocantes sobre a relação íntima entre exploração humana, injustiça social e degradação do meio ambiente.

Pluralidade cultural

Uma das maiores inspirações do cinema, sobretudo no gênero drama são os conflitos ocasionados por choques culturais, pelo convívio das diferenças sociais, raciais, étnicas e comportamentais. Como o objetivo da inclusão deste tema nas escolas é estimular a tolerância e construir, no plano educacional, o convívio democrático entre pessoas e grupos distintos em uma mesma sociedade, os filmes são uma das melhores fontes de debate e formação de valores. Se até os anos 1950 o cinema hegemônico no mundo (americano e europeu) abusou de estereótipos e preconceitos (sobretudo raciais e étnicos), a partir dos anos 1970 tem sido cada vez mais dominante o tratamento mais cuidadoso dessa questão, na medida em que os próprios EUA foram abalados pelas lutas por direitos civis e igualdade racial. A partir da emergência do tema do "multiculturalismo" nos EUA, o cinema ficou mais sensível e cuidadoso no tratamento de (algumas) diferenças étnicas, raciais e comportamentais. Mesmo em aventuras sem compromisso, como em *Duro de matar*, o elemento multicultural é uma das chaves ideológicas do filme, da mesma forma que no sucesso *Dança com lobos*. Antes disso, o cinema americano já havia produzido alguns clássicos como *Adivinhe quem vem para o jantar* ou *O pequeno grande homem*, autocríticas profundas dos valores hegemônicos na cultura dos EUA até então.

Mas o professor ainda deve tomar muito cuidado com o tratamento dado ao "outro", sobretudo nos filmes de gênero comerciais, pois o foco do preconceito, principalmente nos filmes americanos, tem mudado: em primeiro lugar os árabes, eleitos pelo senso comum conservador como o povo inimigo do Ocidente e de tudo o que ele pretensamente representa (liberdade, democracia, direitos individuais). Um exemplo desse tratamento, ainda que baseado em fatos reais, é o filme *Nunca sem minha filha*, que, descontextualizado e sem discussão, pode estimular o preconceito puro e simples contra os muçulmanos em geral. Os latinos têm lugar ambíguo nas representações do cinema americano: ora são românticos, emocionais e amistosos, ora são subdesenvolvidos e sinônimo de tráfico e corrupção. É o caso de *Traffic*, que, apesar das intenções realistas e críticas, não vai fundo nas questões sobre as drogas. Um exemplo de tratamento diferente e sutil do tema convívio pode ser visto em produções como *O gato sumiu*, *Febre da selva* e *Faça a coisa certa*. O cinema brasileiro produziu filmes memoráveis sobre choque e pluralidade cultural. Um dos mais divertidos é *Marvada carne*, retrato da cultura caipira paulista, virtualmente extinta em seu processo de absorção pela modernidade. Outro filme interessante abordando o choque cultural entre diferentes classes sociais é *Domésticas*, mostrando o universo da classe média brasileira, com suas regras e valores bastante peculiares. O dramático *A hora da estrela* também pode ser trabalhado com esta abordagem, mostrando o universo de uma nordestina completamente deslocada social e existencialmente na cidade grande.

De outra perspectiva do tema pluralidade cultural, o professor pode trabalhar (desde que tenha habilidade e cuidado ao prevenir pais e alunos mais preconceituosos) com filmes que abordam as diferenças, os conflitos e o convívio entre comportamentos e opções sexuais diferentes e heterodoxas (*Priscila, rainha do deserto*, *Morango e chocolate*, *Deuses e monstros*).

Seja qual for o uso ou a abordagem do filme na sala de aula, é importante que o professor conheça alguns elementos de linguagem e história do cinema, temas que abordaremos no capítulo seguinte.

ELEMENTOS DE LINGUAGEM E HISTÓRIA DO CINEMA

A LINGUAGEM DO CINEMA

Obviamente o professor não precisa ser crítico profissional de cinema para trabalhar com filmes na sala de aula. Mas o conhecimento de alguns elementos de linguagem cinematográfica vai acrescentar qualidade ao trabalho. Boa parte dos valores e das mensagens transmitidas pelos filmes a que assistimos se efetiva não tanto pela história contada em si, e sim pela forma de contá-la. Existem elementos sutis e subliminares que transmitem ideologias e valores tanto quanto a trama e os diálogos explícitos.

Para fins puramente didáticos, dividimos as questões relativas à linguagem e à realização de um filme em três momentos.

Do argumento ao roteiro

Como toda obra de arte, o filme começa com uma ideia básica. Esta ideia, ao ser levada para o papel na forma de breve sinopse (contendo os personagens, o pano de fundo da história e a trama básica), passa a ser chamada de argumento. O argumento é uma espécie de "átomo" da história contada no filme. O argumento é apresentado a um roteirista que, com base nele, desenvolve as sequências do roteiro, parte escrita do filme que contém as cenas e os diálogos. O roteiro é o guia básico para o diretor, que pode fazer algumas alterações ao longo da filmagem. Eventualmente, a mesma pessoa pode acumular as funções de argumentista, roteirista e diretor, mas é mais comum o roteiro ser feito por profissional especializado. O mais interessante é que nem sempre um bom argumento (ou um argumento sério e pertinente) gera um bom roteiro. Assim como nem sempre um bom roteiro gera um filme interessante ou divertido. Quando a história parece não ter coerência ou o filme parece ter ritmo muito arrastado, a razão pode estar na deficiência do roteiro. Por outro lado, argumentos pueris e banais podem se transformar em bons filmes quando desenvolvidos por um roteirista ou um diretor competente.

Do roteiro à produção

Uma vez estabelecido o roteiro, com as cenas, sequências, os diálogos e personagens, o filme entra efetivamente na etapa de produção e filmagem. No cinema industrial, já a partir da sinopse inicia-se o planejamento para avaliar como o filme será efetivado. Nesse momento, são escolhidos os profissionais, a equipe de filmagem e os atores que irão interpretar os personagens; são avaliados os recursos necessários para a compra dos insumos básicos (quantidade de rolos de filme), equipamentos especiais, aluguel de estúdios, custos com cenário, figurino, deslocamentos e viagens para tomadas externas, salários e cachês. Portanto, quando o diretor recebe o roteiro para filmar, ele também recebe uma margem orçamentária. O orçamento para a produção de um filme varia conforme o país. Nos EUA um filme é considerado barato quando custa vinte milhões de dólares. No Brasil, trabalhar com um orçamento como esse é um verdadeiro sonho para muitos cineastas. Atualmente, os maiores custos de um filme, por incrível que pareça, não estão na produção, e sim no marketing e na distribuição. No multimilionário *Titanic*, cerca de 70% do gasto de quase duzentos milhões de dólares foram destinados ao marketing e à distribuição.

Quando o diretor começa a filmar, ele vai escolhendo planos e sequências com base no roteiro preestabelecido, porém isso não é regra universal. No mundo do cinema existem diretores metódicos, que desenham plano a plano as cenas que desejam filmar (o chamado *storyboard*), assim como existem diretores que não seguem o roteiro original, improvisando o tempo todo durante a filmagem. No cinema comercial, a tendência é seguir rigorosamente o roteiro, até para racionalizar a relação custo-benefício de um filme e cumprir os cronogramas preestabelecidos. Nessa fase nasce uma relação entre diretor/roteirista, diretor/atores, produtor/diretor, diretor/fotógrafo e entre os próprios atores, relação que muitas vezes se torna tensa. É o momento em que o filme vai ganhando vida, embora ainda longe da sua forma final. É um momento de contribuição importante dos atores, pois um bom desempenho pode valorizar um filme ou derrubá-lo de vez. Por mais importante que seja o diretor na condução dos atores, eles dependem quase que exclusivamente dos seus recursos e do seu carisma para desenvolver um personagem e torná-lo inesquecível para os espectadores.

Cada sequência é filmada em rolos de película e nem sempre as sequências que vemos nos filmes foram feitas nessa ordem. Muitas cenas finais são filmadas antes das iniciais. A ordem de filmagem obedece a critérios de racionalização de ocupação do estúdio e deslocamentos para externas. A ordem que vemos nos filmes é produto da edição final, que ordena o material filmado numa lógica narrativa ou expressiva desejada pelo diretor. Em alguns casos, o material filmado chega a ser cinco vezes superior à duração final do filme. Uma filmagem pode durar de dois a quatro meses em média e, uma vez terminada, com todas as sequências numeradas, o filme entra em fase de tratamento em laboratório para, posteriormente, entrar em fase final de edição, pós-produção e distribuição.

Da edição à exibição

Na edição (ou montagem), diretor e editor (montador) trabalham juntos num aparelho chamado moviola (atualmente, boa parte da edição pode ser feita em computador, a chamada edição eletrônica), revendo todo o material filmado e, mais ou menos conforme o roteiro original, selecionando as cenas que irão formar o copião. Esse processo, mecânico ou eletrônico, consiste, basicamente, em cortar e emendar trechos filmados, selecionar as melhores sequências e organizar as unidades narrativas da história até o desfecho do filme. Na sequência (ou, em alguns casos, paralelamente) são adicionados os efeitos sonoros, efeitos especiais, as trucagens e as correções em geral, culminando na versão final que irá para os cinemas. A edição pode interferir no ritmo da narrativa (lenta ou rápida), no desfecho da história (encurtando partes ou adicionando-as ao roteiro) ou no preenchimento ou não de lacunas narrativas imprevistas.

Uma vez finalizado, o filme inicia sua trajetória de inserção no mercado cinematográfico de exibição. Geralmente, ele é entregue a uma distribuidora (nem sempre a mesma empresa que o produziu), que irá negociá-lo com os exibidores. Concomitantemente, uma agência de publicidade irá coordenar o marketing e a publicidade que precedem e acompanham seu lançamento. Quanto mais caro, maior o marketing e a publicidade, pois é necessário atingir milhões de espectadores em todo o mundo, já que o filme precisa ser pago e gerar lucro aos seus produtores. É muito comum, antes de um filme estrear nos cinemas, que tomemos contato com ele por meio de reportagens especiais, *sites*, entrevistas com atores e atrizes que protagonizaram os personagens, anúncios de TV e *trailers* de cinema. Tudo isso faz parte da publicidade de um filme, preparando e aumentando a ansiedade dos espectadores em potencial.

Nos filmes mais autorais (ou "artísticos", como se diz), essa etapa não é tão exagerada, pois geralmente diretores e atores identificados com trabalhos mais seletivos possuem público fiel, de opinião formada. Neste tipo de cinema, a crítica cinematográfica especializada, veiculada pelos principais jornais e revistas, tem papel fundamental, pois ela pode confirmar (ou não) a pretensa qualidade de um filme e interferir no seu sucesso, mesmo com um público seleto e aparentemente autônomo perante a opiniões de terceiros.

Boa parte do sucesso e da hegemonia do cinema americano no mercado mundial deve-se ao controle dos mecanismos de marketing e distribuição. Em outras palavras, não basta fazer filmes com vocação para o sucesso, é necessário fazê-lo chegar às salas de exibição e, posteriormente, às locadoras de VHS e DVD. Enquanto um diretor brasileiro comemora quando consegue chegar a 15 salas de exibição em território nacional (isso quando se tem orçamento para fazer 15 cópias do filme e garantir espaço nas salas), uma megaprodução americana, independentemente da sua qualidade estética, como *Homens de preto II*, estreia simultaneamente em 341 salas só no Brasil. É muito comum a chamada "venda casada", imposta pelas grandes distribuidoras americanas: para cada superprodução de grande sucesso potencial, o exibidor é obrigado a comprar vários filmes de custo e qualidade menores e exibi-las ao menos durante uma semana. Estes problemas de distribuição, no Brasil, ficam ainda mais graves quando percebemos uma concentração de salas de exibição nas grandes metrópoles e, nestas, em *shopping centers*. Existem milhares de cidades no Brasil que não têm sequer uma sala de cinema. Aliado ao fato de que mais de 90% das locadoras não têm catálogo muito variado que ofereça filmes antigos ou filmes importantes mas pouco conhecidos, limitando-se aos sucessos do momento, percebe-se por que a cultura cinematográfica do cidadão médio está cada vez mais restrita a um tipo de cinema, o comercial americano.

Nesse sentido, a escola pode dar uma contribuição para a diversificação da cultura audiovisual ao trabalhar com filmes de origens, épocas e linguagens diversas, apesar das dificuldades de acesso. Para tal, é muito importante que o professor conheça um pouco mais da história do cinema ao longo do século XX e saiba onde localizar os grandes clássicos que os verdadeiros cinéfilos jamais esquecem.

OS GÊNEROS FICCIONAIS NO CINEMA: UMA TIPOLOGIA

A classificação em gêneros, muito comum no cinema comercial, tem a função de organizar estruturalmente o leque de ações dos personagens e o desenvolvimento do roteiro (muitas vezes constituindo "lugares-comuns" da narrativa). Além disso, o gênero influencia na receptividade da obra, pois sugere ao espectador como o filme deve ser visto, qual a dinâmica principal da fábula, o que deve e o que não deve acontecer com os personagens e as situações dramáticas. Podemos identificar quatro grandes gêneros, que denominamos metagêneros:

- Drama – Os filmes de gênero dramático geralmente centram sua história em conflitos individuais, provocados por profundos problemas existenciais, sociais ou psicológicos, além do dissenso amoroso ou afetivo. Neste caso, os dramas costumam partir de um conflito inicial, uma situação tensa que pode ou não ser reparada no desfecho. Se o filme for destinado ao sucesso comercial, o final deve ser feliz, *happy end.* Caso contrário, boa parte da plateia pode não gostar do que viu e estigmatizar seu diretor ou os atores. Este gênero visa provocar efeitos emocionais intensos.

- Comédia – Na comédia, situações patéticas, jogos de linguagem verbal ou peripécias que levem a mal-entendidos, envolvendo um ou mais personagens, são narradas com intenção de provocar risos na plateia.

- Aventura – Na aventura, o elemento que predomina é a ação, envolvendo conflitos físicos, opondo o Bem contra o Mal, narrada em ritmo veloz e encenando situações-limite de risco ou morte. Os heróis tendem a encarnar valores ideológicos da cultura que produziu o filme. O objetivo é provocar efeitos físicos e sensoriais na plateia que acompanha as situações-limite.

- Suspense – No suspense, mais importante do que a ação em si é a trama, o mistério a ser desvendado, as situações envolvendo peripécias não previstas pelo espectador. O termômetro é a tensão que o espectador experimenta ou o susto repentino do desenlace de determinada sequência.

Esses quatro gêneros-matrizes podem aparecer mesclados, bem como se subdividir em outros gêneros mais específicos, e é essa a tendência do cinema comercial moderno: direcionar seus filmes para públicos específicos, predispostos a gostar de enredos e personagens típicos. Vejamos alguns exemplos de subgêneros e seus filmes mais paradigmáticos:

Western (bangue-bangue)

- NO TEMPO DAS DILIGÊNCIAS. John Ford (dir.). EUA: 1939. [Título original: *Stagecoach*]. Leg. português.

- MATAR OU MORRER. Fred Zinneman (dir.). EUA: 1952. [Título original: *High noon*]. Leg. português.

- OS IMPERDOÁVEIS. Clint Eastwood (dir.). EUA: 1992. 1 filme, son., col., [Título original: *Unforgiven*]. Leg. português.

Ficção científica

- O DIA EM QUE A TERRA PAROU. R. Wise (dir.). EUA: 1953. [Título original: *The day the Earth stood still*]. Leg. português.
- 2001 – UMA ODISSEIA NO ESPAÇO. Stanley Kubrick (dir.). EUA: Warner, 1968. 1 filme (149 min.), son., col. [Título original: *2001 – A space odissey*]. Leg. português.
- ALIEN – O OITAVO PASSAGEIRO. Ridley Scott (dir.). EUA: 1979. 1 filme, son., col. [Título original: *Alien*]. Leg. português.

Aventura policial

- O FALCÃO MALTÊS. John Houston (dir.). EUA: 1941. [Título original: *The maltese falcon*]. Leg. português.
- O SILÊNCIO DOS INOCENTES. Johnatan Demme (dir.). EUA: 1991. 1 filme, son., col. [Título original: *The silence of the lambs*]. Leg. português.
- OPERAÇÃO FRANÇA. William Friedkin (dir.). 1971. [Título original: *The french connection*]. Leg. português.

Drama romântico

- TITANIC. James Cameron (dir.). EUA: 1997. 2 filmes, son., col. [Título original: *Titanic*]. Leg. português.
- INTERSECCTION – UMA ESCOLHA, UMA RENÚNCIA. Mark Riddel (dir.). 1994. [Título original: *Interseccion*]. Leg. português.
- O PACIENTE INGLÊS. Anthony Minghella (dir.). 1996.

1 filme son., col. [Título original: *The English patient*]. Leg. português.

Drama existencial

- FARGO. Ethan e Joel Coen (dir.). EUA. 1 filme, son., col. [Título original: *Fargo*]. Leg. português.

- SHORT CUTS – CENAS DA VIDA. Robert Altman (dir.). EUA: 1993. 1 filme, son., col. [Título original: *Short Cuts*]. Leg. português.

- HANNAH E SUAS IRMÃS. Woody Allen (dir.). EUA: 1986. 1 filme, son., col. [Título original: *Hannah and her sisters*]. Leg. português.

Drama psicológico

- O PRÍNCIPE DAS MARÉS. Barbara Streisand (dir.). EUA: 1991. 1 filme, son., col. [Título original: *The prince of the tides*]. Leg. português.

- GÊMEOS – MÓRBIDA SEMELHANÇA. David Cronnemberg (dir.). EUA: 1988. 1 filme, son., col. [Título original: *Dead Ringers*]. Leg. português.

Drama de guerra

- APOCALYPSE NOW. Francis Ford Coppola (dir.). EUA: 1979. 1 filme, son., col. [Título original: *Apocalypse Now*]. Leg. português.

- PLATOON. Oliver Stone (dir.). EUA: 1986. 1 filme, son., col. [Título original: *Platoon*]. Leg. português.

- ALÉM DA LINHA VERMELHA. Terrence Malick (dir.). EUA: 1998. 1 filme, son., col. [Título original: *The thin red line*]. Leg. português.

Aventura de guerra

- RAMBO. George Cosmatos (dir.). EUA: 1985. 1 filme, son., col. [Título original: *Rambo – the first blood*]. Leg. português.
- O RESGATE DO SOLDADO RYAN. Steven Spielberg (dir.). EUA: 1998. 1 filme, son., col. [Título original: *Saving private Ryan*]. Leg. português.

Comédia de costumes

- QUATRO CASAMENTOS E UM FUNERAL. Mike Newell (dir.). Inglaterra: 1994. 1 filme, son., col. [Título original: *Four weddings and a funeral*]. Leg. português.
- O GRANDE LEBOWSKI. Ethan Coen e Joel Coen (dir.). EUA: Warner, 1997. 1 filme (117 min.), son., col. [Título original: *The big Lebowski*]. Leg. português.

Comédia paródica

- APERTEM OS CINTOS QUE O PILOTO SUMIU. David Zucker (dir.). EUA: 1980. 1 filme, son., col. [Título original: *Airplane!*]. Leg. português.
- CORRA QUE A POLÍCIA VEM AÍ. David Zucker (dir.). EUA: 1988. 1 filme, son., col. [Título original: *The naked gun*]. Leg. português.

Comédia romântica

- UMA LINDA MULHER. Gary Marshall (dir.) EUA: 1990. 1 filme, son., col. [Título original: *Pretty Woman*]. Leg. português.
- FEITIÇO DO TEMPO. Harold Ramis (dir.). EUA: 1993. 1 filme, son., col. [Título original: *Groundhog day*]. Leg. português.
- SURPRESAS DO CORAÇÃO. Lawrence Kasdan (dir.). EUA: 1995. 1 filme, son., col. [Título original: *French Kiss*]. Leg. português.

Um bom exercício para a formação de espectadores mais críticos é conhecer a história dos gêneros, reconhecer sua linguagem e estrutura narrativa, discutir soluções e desenlaces alternativos para os conflitos e situações encenadas, bem como outras atitudes, valores e características possíveis para tipificar os personagens envolvidos. Quase todos os catálogos de locadoras se dividem por gênero,

---

LEITURA COMPLEMENTAR 5: COMO VER UM FILME (AS VÁRIAS ABORDAGENS DA CRÍTICA CINEMATOGRÁFICA)

(Os trechos abaixo foram extraídos de MOSCARIELLO, Ângelo. *Como ver um filme*. Porto: Editorial Presença, 1985, pp. 85-93)

Tal como qualquer outra forma de expressão artística, também o filme possui os seus críticos especializados. A tarefa destes últimos é a de atuarem como mediadores entre a obra e o espectador comum, oferecendo um modelo de leitura da primeira (...)

1. A crítica formalista

Excluindo da nossa resenha a chamada crítica "impressionista", por não corresponder a critérios precisos, mas basear-se antes no gosto pessoal do crítico (...) o primeiro método com que nos confrontamos é também o mais antigo. Trata-se da crítica conhecida pelo nome de "formalista". Esta se baseia na equiparação do filme à arte figurativa e coloca em primeiro plano a apreciação das qualidades pictóricas e de composição da representação fílmica (...).

2. A crítica "conteudista"

Contrariamente à precedente, a crítica "conteudista" interessa-se mais pela "coisa" do que pelo "como" do discurso fílmico. O cânone estético de que tal prática se reclama é o "realismo", quer dizer, o espelhar da realidade feito com olhar revelador. Com base no referido cânone, um filme só será "belo" se falar de coisas "certas", e a sua importância será determinada pela importância dos argumentos por ele tratados (...).

3. A crítica psicologista

Parente próxima da anterior, a crítica de orientação "psicologista" diferencia-se dela pelo interesse exclusivo que revela para com uma "realidade" já não exterior mas interior, quer dizer, a realidade psicológica dos personagens que atuam no filme (...).

4. A crítica sociológica

Se os métodos até agora citados dirigem o seu olhar para dentro do filme na esperança de aí encontrarem as coisas pretendidas, a crítica de inspiração sociológica prefere, em contrapartida, utilizá-lo para observar o que acontece "fora" dele (...) Pede-se portanto ao filme, não que seja "significativo", mas sim "sintomático" de uma dada situação histórica (...).

5. A crítica psicanalítica

Enquanto a crítica psicologista se interessa pelo Eu das personagens do filme, a crítica de orientação psicanalítica ("freudiana") detém-se sobre o ser do seu autor, explicando em termos de psicologia do profundo as constantes poéticas e as imagens repetidas na obra deste último (...).

6. A crítica estruturalista

O estruturalismo considera o texto fílmico como um organismo autônomo e acabado cujo funcionamento interno é necessário revelar. Servindo-se de instrumentos retirados da semiologia, a crítica estruturalista empenha-se em desmontar e em reconstituir a estrutura do filme na esperança de compreender o segredo nele oculto e de fazer luz sobre a lógica combinatória que regula as relações entre as unidades singulares significantes do texto (...).

7. A crítica textual

Também a crítica textual assume como objeto do próprio trabalho de análise a obra fílmica considerada como um universo fechado e autossuficiente. Só que, contrariamente ao estruturalismo, ela lê cada texto não na sua unicidade, mas em relação com todos os outros textos referentes ao mesmo autor ou a uma mesma corrente poética. Graças a uma tal ótica intertextual, este método pode reconhecer as constantes e as eventuais variantes linguísticas presentes na obra, analisada sobretudo no plano dos modelos iconográficos adotados pelo autor ao longo da sua produção (...).

Nota do autor: em muitos casos, a crítica cinematográfica mescla elementos diferenciados das várias maneiras de analisar um filme. Para além das linhas acima mencionadas, a crítica moderna tem a tendência geral de analisar um filme articulando os vários elementos que o compõem (argumento, direção, roteiro, narrativa, fotografia, interpretação dos atores etc.). A pergunta fundamental que todo crítico, profissional ou amador deve fazer a si mesmo é se estes elementos estão bem integrados e manipulados pelo diretor para obter os efeitos esperados pelo espectador.

por isto basta o professor escolher um filme representativo e discuti-lo em classe, tendo em vista a estratégia sugerida.

UM POUCO DE HISTÓRIA DO CINEMA

Síntese da história do cinema

Em dezembro de 1895, dois irmãos franceses Louis e Auguste Lumière projetaram dois pequenos filmes num café parisiense, para assombro de uma plateia encantada. Os filmes eram *La Sortie des ouvriers de l'usine Lumière* ("A saída dos operários da fábrica Lumière") e *L'Arrivée d'un train en gare* ("Chegada de um trem à estação"), dois registros da vida cotidiana. Era a primeira vez que as pessoas tinham a possibilidade de ver imagens reais em movimento, projetadas sobre uma tela grande. O cinematógrafo, uma máquina capaz de fazer uma película fílmica se movimentar em velocidade constante, era o responsável pelo milagre. Nos anos seguintes, o cinematógrafo era uma atração em si, mais do que o conteúdo das imagens projetadas. Se o registro fotográfico trazia a ilusão da realidade para o papel, o cinematógrafo – no fundo uma série de fotografias em movimento – ampliava ainda mais esse efeito. Nunca mais a arte seria a mesma. Mas o cinema ainda demorou um pouco para ser considerado a sétima arte.

Outro francês, Georges Meliès, pode ser considerado o criador do cinema como espetáculo, lançando as bases da expressão artística do cinema. Meliès realizou vários filmes produzidos com cenários e efeitos especiais, empregou atores e teve intenção de contar uma história, não registrando apenas imagens cotidianas. Seu filme mais famoso é *Viagem à Lua*, de 1902. Outros pioneiros europeus, como os ingleses James Williamson e George Smith, e os franceses Charles Pathé (criador da primeira indústria para a produção de longa-metragens) e Louis Galmont, consolidaram a vocação do cinema como arte e entretenimento.

Dos seus primeiros anos até a Primeira Guerra Mundial, os gêneros mais comuns do cinema mudo eram as comédias e os teatros filmados. Se o primeiro procurava expressar o movimento rápido (ainda que a câmera não se movimentasse tanto quanto os personagens), o segundo tentava levar para as salas de cinema a mesma perspectiva visual da sala de teatro, limitando-se a registrar, com câmera fixa, a boca de cena onde as situações dramáticas se sucediam.

Se os franceses foram os pioneiros no cinema industrial e artístico, no final da década de 1910 os EUA já despontavam como o grande polo de produção cinematográfica mundial, posição mantida ao longo de todo o século XX. Um dos grandes responsáveis pela consolidação de uma linguagem específica no cinema americano foi David

Wark Griffith. Seus dois filmes mais famosos, *O nascimento de uma nação* (1915) e *Intolerância* (1916) traziam os elementos expressivos que marcariam para sempre o cinema ianque: grandes planos, montagem paralela (ver Glossário), retrospectiva da ação passada (*flashback*), épicos envolvendo conflitos individuais e momentos dramáticos da História.

Ao longo dos anos 1920 começaram a surgir nos EUA os grandes estúdios de cinema, verdadeiras fábricas que nunca paravam de filmar. Hollywood, na Califórnia, se tornou centro mundial, sinônimo de cinema, por um motivo muito simples. Em Nova Iorque, primeiro polo americano de cinema, as filmagens eram inviabilizadas, em boa parte do ano, pelo rigor do clima. A Califórnia, favorecida com clima quase tropical, facilitava o funcionamento dos estúdios e as tomadas de cenas externas durante o ano todo. Surgiram a Paramount (1927), RKO, MGM e Twentieth Century Fox.

Com o sistema de estúdios, surgiram atores que se tornaram grandes ídolos mundiais, os primeiros "galãs" e "mocinhas" do cinema: Douglas Fairbanks, Mary Pickford, Rodolfo Valentino. Mas, nessa época, o grande público gostava mesmo era dos grandes comediantes, até hoje muito admirados por seu talento e sua genialidade em fazer rir (e chorar): Buster Keaton, Oliver Hardy (o Gordo) e Stan Laurel (o Magro) e o genial Charles Chaplin, o Carlitos. Chaplin levou ao extremo as possibilidades narrativas do cinema mudo, graças ao enorme talento da sua expressão facial e corporal, além da habilidade única em narrar situações que mesclavam humor e crítica social. *O garoto* (1921) e *A corrida do ouro*, seus maiores sucessos dos anos 1920, são exemplos do seu talento e provocaram unanimidade de aprovação entre crítica e público. Walter Benjamin foi um dos que melhor definiu o papel de Chaplin não apenas para o cinema mas para as artes em geral, considerando-o similar a Picasso na pintura, com a vantagem de poder ter se comunicado com milhões de pessoas por meio de seus filmes. Os dois desenvolveram um novo olhar para um mundo em transição, de uma perspectiva crítica e dinâmica.

Nos anos 1930 ainda viria surgir outro grande diretor, considerado até hoje aquele que mais traduziu os valores americanos na época da Grande Depressão pré-Segunda Guerra: Frank Capra. Em meio a um clima de convulsão social, desemprego, desilusão e insegurança coletiva, Capra realizou filmes otimistas, líricos e, em certo sentido, progressistas, valorizando a liberdade individual, solidariedade e otimismo como visão de mundo. Seus maiores sucessos são *O galante mr. Deeds* (1936), *Do mundo nada se leva* (1938) e *Felicidade não se compra* (1946).

O cinema americano conheceu seu apogeu com a consolidação da hegemonia econômica e política dos EUA após 1945. Nos anos 1950, à base de superproduções épicas, grandes musicais, *westerns*, filmes policiais e dramas psicológicos, o cinema americano manteve sua hegemonia, que só foi abalada a partir do começo dos anos 1960. Nessa época, Hollywood passou por uma de suas fases mais difíceis, recuperando-se somente a partir de meados dos anos 1960, com as aventuras de Steven Spielberg (*Tubarão*) e George Lucas (*Guerra nas estrelas*). A partir daí, apoiado por grande aparato tecnológico e um *star system* mundialmente conhecido, o cinema americano reencontrou sua vocação e seu público.

Outro polo fundamental de cinema nos anos 1920 foi a Alemanha. Mesmo em crise social e econômica, depois da derrota na Primeira Guerra Mundial, esse país viu nascer uma vigorosa indústria cinematográfica e uma das mais importantes escolas cinematográficas, o expressionismo (ver adiante). A maior produtora alemã era a UFA e os grandes diretores do período, Ernst Lubitsch, F. W. Murnau e Fritz Lang, foram responsáveis por clássicos do cinema mudo, como *Nosferatu*, *O gabinete do Dr. Caligari* e *Metrópolis*. Em 1930, já na era do cinema sonoro, a Alemanha produziu mais um clássico: *O anjo azul*, lançando para o mundo a estrela Marlene Dietrich. Ao assumir o poder, em 1933, os nazistas causaram grande dispersão dos principais diretores de cinema, muitos deles judeus. A maioria dos fugitivos do nazismo foi para os EUA, incrementando ainda mais a vigorosa indústria americana.

A França, pioneira do cinema, não conseguiu consolidar o sistema de grandes estúdios, e o cinema francês era produzido por pequenas companhias e produtores independentes, contribuindo para a tradição francesa de "cinema de autor", filmes com estilo mais pessoal e subjetivo, sem se prender às exigências dos produtores e dos grandes gêneros comerciais (como nos EUA). O cinema sonoro francês produziu grandes diretores como René Clair (*A nós, a liberdade*, 1931), Jean Vigo (*Zero de conduta*, 1933) e Jean Renoir (*A grande ilusão*, 1937), marcados por uma perspectiva lírica e humanista para compor personagens e situações dramáticas, sem os elementos corriqueiros do cinema comercial de estúdio. Nos anos 1950, um grupo de críticos cineastas, que se reuniu em torno da revista *Cahiers du Cinéma*, lançou a *nouvelle vague* ("nova onda", ver adiante), retomando a tradição autoral e lírica do cinema clássico francês, porém incrementando os recursos narrativos, os argumentos e os movimentos de câmera. François Truffaut (*Os incompreendidos, Uma mulher para dois*), Jean-Luc Godard (*Acossado*), Eric Rohmer e Alain Resnais foram os principais nomes dessa geração.

Nos anos 1920 e 1930 floresceu na União Soviética um centro importante do cinema clássico. Depois da Revolução Russa de 1917, que criou o primeiro país socialista da História, a maioria dos artistas se engajou em tarefas culturais com fins políticos, coordenados pelo partido comunista. Alguns deles conseguiram ir além do imediatismo imposto pela política "pedagogizante" do Partido e, incorporando a rica vanguarda estética à poesia e às artes plásticas, constituíram uma das mais importantes escolas clássicas de cinema, o cinema épico soviético (ver adiante). Seus grandes diretores foram Vsevolod Pudovkin, Sergei Eisenstein e Aleksandr Dovjenko, que realizaram três filmes fundamentais para a história do cinema: *O encouraçado Potemkin* (1925), *A mãe* (1926) e *Arsenal* (1929). A grande contribuição (sobretudo de Eisenstein) foi a técnica de montagem cinematográfica, como fica patente na clássica sequência do "massacre na escadaria de Odessa" em *O encouraçado Potemkin*. Surgia uma nova forma, não tão naturalista, de enfatizar a expressividade e a mensagem de determinada sequência. Com o advento do stalinismo, por volta de 1930, e o controle absoluto do Estado sobre a vida social, política e cultural, o cinema soviético ganhou em quantidade mas perdeu em qualidade, limitando-se a veicular as mensagens oficiais do partido único no poder. Nos anos 1950, surgiu uma geração mais crítica de cineastas e foram realizadas superproduções (sobretudo de caráter histórico), mas a sombra da censura oficial sempre foi um fator de limitação do potencial artístico do cinema soviético, que nunca conseguiu recuperar o vigor dos anos 1920.

O cinema inglês, o italiano e o escandinavo, vigorosos já nos anos 1930, conheceram sua verdadeira glória no pós-Segunda Guerra.

O cinema inglês, secundário (do ponto de vista comercial) em relação ao cinema alemão e ao americano, sempre foi celeiro de grandes atores (muitos deles vindos do teatro) como Lawrence Olivier, Charles Laughton, Alec Guinness, Rex Harrison, entre outros. Desde os anos 1930, consolidou-se uma escola documentarista que influenciaria o mundo todo e se refletiria em certa tradição realista e despojada até hoje muito forte (vide os filmes de Ken Loach, por exemplo). Depois da Segunda Guerra, muitos diretores ingleses fizeram carreira nos EUA e um deles, Alfred Hitchcock, é considerado um dos grandes gênios do cinema de todos os tempos, a despeito de estar preso a um gênero altamente comercial, o suspense. Filmes como *Um corpo que cai* (1958), *Intriga internacional*, *Festim diabólico* (1948) e *Psicose* (1960) são verdadeiras aulas de cinema. O cinema feito na Inglaterra conhecerá um grande impulso a partir dos anos 1960, desenvolvendo nova linguagem narrativa, com câmera ágil, sequências narrativas livres e heterodoxas (em relação ao cinema americano) e temas ousados, ligados à renovada cultura jovem britânica da era Beatles. Nos anos 1980, o cinema naturalista com inspiração social voltou a dar o tom da produção inglesa.

Na Itália, dominada pelo regime fascista desde 1922, o cinema sofreu grande influência estatal, na medida em que podia ser instrumento de propaganda política. Mas foi na segunda metade da década de 1940 que o cinema italiano marcou a história do cinema para sempre, com o chamado neorrealismo. Diretores como Vittorio De Sica, Roberto Rossellini, Luchino Visconti realizaram filmes fundamentais como *Ladrões de bicicleta* (1948), *Roma, cidade aberta* (1945), *Alemanha, ano zero* (1946) e *La Terra Trema* (1947). A busca de um retrato social da Europa devastada pela guerra e da miséria humana provocada pelo conflito e pelas injustiças sociais foi conciliada com toques de poesia e lirismo, sem abrir mão da narrativa e de interpretações despojadas, evitando o caminho fácil do melodrama e da pieguice. Nos anos 1950 e

1960, já sem a hegemonia do neorrealismo, o cinema italiano continuou ganhando público e prestígio em todo o mundo, pela obra de diretores como Federico Fellini, Michelangelo Antonioni e Mario Monicelli. Mesmo com a crise iniciada dos anos 1970, o cinema italiano continua sendo uma das principais referências para a sétima arte.

Na Escandinávia, dentre vários diretores importantes, sobressaiu-se o sueco Ingmar Bergman. É impossível falar de cinema sem citar este diretor, detentor de um olhar único sobre os problemas existenciais e afetivos que ocupam boa parte dos dramas humanos. Sempre evitando exageros e lugares-comuns, Bergman fez o cinema se aproximar da filosofia sem cair em narrativas artificiais ou pedantismos intelectuais, como pode ser visto em obras como *O sétimo selo* (1956), *Morangos silvestres* (1957) e *Gritos e sussurros* (1972). Pelo caminho da simplicidade, Bergman levou o cinema às profundezas da alma humana como nenhum outro diretor talvez tenha conseguido.

A América Latina, em que pese sua situação de dependência econômica, também teve um cinema vigoroso ao longo do século XX. Dois países, México e Argentina, entre os anos 1930 e 1950 foram polos importantes do cinema mundial, desenvolvendo sobretudo os gêneros de cinema cantado (o bolero e o tango tiveram papel importante nesse sucesso) e melodrama (sobretudo o México). Explorando ao limite as peripécias e os dramas causados pela paixão, o melodrama se transformou em linguagem de grande aceitação popular, na qual os latino-americanos se tornaram especialistas. O Brasil, depois dos chamados "ciclos regionais" dos anos 1920 e 1930 (cinema produzido por diretores pioneiros e artesanais, como Humberto Mauro, Silvino Santos e Eduardo Abelim), chegou a flertar com o cinema industrializado de vocação comercial, seja através dos dramas da Vera Cruz ou das chanchadas da Atlântida, ao longo dos anos 1950. Mas foi nos anos 1960 que, mesclando elementos do cinema francês e italiano, o Brasil gerou a primeira grande escola cinematográfica do Terceiro Mundo reconhecida pela crítica mais exigente, o Cinema Novo (ver adiante). Apesar disso, este reconhecimento não se reverteu em produção regular e público espectador fiel e, salvo um breve momento de popularidade nos anos 1970, o cinema tem amargado grande dificuldade de produção e consolidação, ao menos em termos de mercado. O chamado renascimento do cinema brasileiro, a partir de meados dos anos 1990, parece indicar a reversão dessa situação.

AS ESCOLAS CINEMATOGRÁFICAS CLÁSSICAS (APONTAMENTOS EXTRAÍDOS DE XAVIER, 1977)

Naturalismo "hollywoodiano"

a) Características: a montagem neutraliza a descontinuidade elementar da obra fílmica; há uma busca de identificação com o espectador; impressão de realidade; interpretação e cenários naturalistas; gêneros narrativos convencionais (faroeste, melodrama, fantasia); ritmo homogêneo e fluência narrativa rápida.

b) Comentário: esse tipo de escola, segundo alguns críticos de esquerda, aponta para a invisibilidade dos meios produtores da realidade fílmica, reproduzindo a alienação do produto industrial na sociedade capitalista. Para a maioria dos espectadores é sinônimo de cinema de qualidade.

c) Obras paradigmáticas: *Intolerância* (David W. Griffith, 1916); *... E o vento levou* (Victor Fleming, 1939).

Cinema épico soviético

a) Características: a montagem intervém no "realismo" da cena; manipula os vários pontos de vista para que o espectador busque uma verdade, provocando o questionamento; a câmera é tomada pelo diretor como "olho ativo"; a obra é vista como "unidade dialética" na busca de um realismo crítico que apele à consciência ativa da pessoa.

b) Comentário: questiona a lógica e as explicações isoladas de uma situação representada no filme e busca dar conta das suas relações com o processo social global ao qual pertence.

c) Obras paradigmáticas: *O encouraçado Potemkin* (Sergei Eisenstein, 1927).

Neorrealismo italiano

a) Características: montagem busca manter o "tempo real do sofrimento" representado no filme; exposição extensiva da realidade com mínimo de corte por parte do diretor; espaços abertos "reais" para a cena (ou seja, não há "encenação" artificial da narrativa); preferência pelo fortuito como elemento dramático; cenas/sequências não apontam para um "fim", não acomodando a tensão do espectador (há indeterminação).

b) Comentário: "Duração real da dor do homem e sua presença diária, não como homem metafísico, mas como homem da esquina e para o qual a duração real deve corresponder a um esforço real de nossa solidariedade" (Cesare Zavattini); "observação exaustiva do fato banal pelo olhar paciente e insistente" (Ismail Xavier).

c) Obras sugeridas: *Roma, cidade aberta* (Roberto Rossellini, 1945), *Ladrões de bicicleta* (Vittorio De Sica, 1948).

Expressionismo alemão

a) Características: a câmera não *registra* o real e sim *cria* visões com base nas projeções das angústias humanas; estados humanos interiores e incompreensíveis mostrados sob *formas* compreensíveis, o que acarreta a distorção de cenários, afastando-se da perspectiva visual clássica; interpretação artificial dos atores; pré-estilização do material a ser filmado.

b) Comentário: buscar a estranheza do olhar sobre o mundo exterior para captar a essência da alma humana.

c) Obras sugeridas: *O gabinete do dr. Caligari* (Robert Wiene, 1919); *Nosferatu* (F. W. Murnau, 1922).

Surrealismo

a) Características: a montagem não "explica" o real pela continuidade lógica racional (não compreensão pela decupagem/montagem do filme, como no cinema narrativo clássico); introdução da lógica da ruptura com o real, no nível da cena, da narração e/ou cenário; descontextualização dos elementos da realidade (espaço, contexto, diálogos), que se tornam estranhos e dotados de outras naturezas que não as lógico-racionais.

b) Comentário: busca liberar as pulsões inconscientes do espectador para quebrar o fluxo verossímil do real, estimulando associações livres; espaço e tempo são puras ocasiões para que o filme seja um evento não controlado pelo princípio de realidade e o inconsciente possa nele irromper.

c) Obras sugeridas: *Um cão andaluz* (Luis Buñuel, 1928); *Esse obscuro objeto do desejo* (Luis Buñuel, 1977).

Nouvelle vague ("nova onda") francesa

a) Características: a montagem enfatiza a liberdade narrativa; fábulas construídas fora dos grandes gêneros narrativos do cinema comercial (preferência por temas existenciais e relações humanas); câmera móvel, movimentos ágeis; interpretação dos atores espontânea e despojada.

b) Comentário: reação contra os filmes de estúdio, de esquema industrial; busca de um cinema autoral, de raízes literárias, líricas e artesanais.

c) Obras sugeridas: *Uma mulher para dois* (François Truffaut), *Alphaville* (Jean-Luc Godard, 1965), *Hiroshima mon amour* (Alain Resnais, 1959).

Cinema novo brasileiro

a) Características: a montagem enfatiza a liberdade narrativa; imagens com pouco movimento e cortes; diálogos longos e refletidos ou curtos e agressivos; preferência por temas sociais e políticos; interpretações espontâneas e despojadas, mescladas com gestos de grande vigor e violência; cenários rústicos e iluminação natural; introdução gradual da linguagem metafórica para compor as cenas e os personagens (pouco usada nos primeiros filmes, até 1965).

b) Comentário: "Uma ideia na cabeça e uma câmera na mão" (Glauber Rocha).

c) Obras sugeridas: *Vidas secas* (Nelson Pereira dos Santos, 1963); *Deus e o diabo na terra do sol* (Glauber Rocha, 1964); *Os fuzis* (Ruy Guerra, 1964); *Terra em transe* (Glauber Rocha, 1967).

Essa breve síntese histórica e estética é apenas o começo para instruir o professor interessado em fazer um trabalho aprofundado com o cinema em sala de aula. Aliás, os filmes citados neste capítulo podem e devem ser vistos sistematicamente pelo professor (e pelos alunos), pois fazem parte da lista consensual das obras-primas do cinema.

O aprofundamento da linguagem cinematográfica, a assistência de filmes clássicos e o conhecimento da história do cinema permitem a otimização dos procedimentos básicos em sala de aula, tema do nosso próximo capítulo.

PLANEJAMENTO DAS ATIVIDADES E PROCEDIMENTOS BÁSICOS

FASE 1: PLANEJANDO AS ATIVIDADES

Pense no emprego do filme dentro de um planejamento geral

Procure inserir o filme dentro do planejamento geral do seu curso, articulando-o com os conteúdos e conceitos trabalhados, bem como as habilidades e competências desejadas.

Selecione uma sequência de filmes a serem trabalhados ao longo do ano

Tenha em mente um conjunto de objetivos e metas a serem atingidas, procurando aprimorar os instrumentos de análise histórica e fílmica. É muito comum os professores planejarem os filmes sem articulação entre si ou meramente articulados ao conteúdo trabalhado pela disciplina. Sugerimos que o uso do cinema na sala de aula seja sistemático e coerente, e isso implica que os filmes sejam articulados entre si, sobretudo quando o espírito da atividade é a análise do filme como linguagem e fonte de aprendizado, mais do que catalisador de discussões. Tal abordagem é mais comum nas disciplinas de artes e humanidades (ou, na linguagem dos PCNs, ciências humanas, códigos e linguagens), e exige do professor certo cuidado não só na escolha dos filmes que irá exibir ao longo do curso como também certa articulação entre eles. Assim, filmes com narrativa sofisticada (fora dos padrões dos grandes gêneros de cinema comercial) ou linguagem mais datada (característica de certo momento da história do cinema) devem ser inseridos depois de uma preparação para que não haja bloqueio pedagógico e cognitivo dos alunos. Em outras palavras, o planejamento dos filmes deve obedecer a uma escolha voltada para os interesses da disciplina, levando em conta a cultura geral e audiovisual da classe e o lugar que o filme ocupa na história e linguagem cinematográficas.

Antes de trabalhar com o filme em sala de aula, procure algumas informações básicas

Os principais elementos informativos são: a história do cinema, a linguagem cinematográfica e os principais estilos e escolas cinematográficas. Não se trata de exigir do professor que se torne crítico profissional, mas algumas informações básicas irão otimizar o trabalho. Muitos professores cinéfilos, que dedicam boa parte do seu tempo livre para ir ao cinema ou assistir a filmes em casa, já possuem uma boa carga de informações sobre a história do cinema, os filmes, atores e diretores. Toda e qualquer informação poderá ser útil nas atividades em sala de aula, pois torna a análise e mediação do professor mais interessante.

Procure conhecer a cultura cinematográfica da classe

Não tente impor o seu gosto cinematográfico aos alunos. Faça-os exercitar o olhar cinematográfico com base em filmes mais assimiláveis, culminando com filmes que possuam linguagem e tratamento mais refinados. Selecione os filmes com base nesta preocupação.

A sondagem e avaliação da cultura audiovisual (ou cinematográfica, mais especificamente) da classe não exigem pesquisa sociológica refinadíssima. Basta que o professor, de maneira informal ou sistematizada, leve em conta algumas informações básicas: a) a qual faixa socioeconômica os alunos da sua classe/escola pertencem, em média; b) quais os hábitos de consumo e culturais da família; c) como funciona o consumo cinematográfico dos alunos (salas de cinema, aluguel de fitas de vídeo ou assistência de filmes na TV aberta ou a cabo); d) quais os gêneros cinematográficos preferidos; e) dentre os filmes vistos, quais os preferidos.

Essa pequena enquete, formal ou informal, deve ser feita para que o professor saiba até onde pode avançar ou o quanto deve se preparar para otimizar suas atividades escolares com o cinema.

FASE 2: ANALISANDO O FILME

Não inicie o trabalho de análise exibindo o(s) filme(s) em classe

Quando pensamos em incluir o cinema em nossas atividades escolares, a primeira (e mais comum) iniciativa é exibir o filme na sala de aula e propor debate ou trabalho escrito sobre seu conteúdo. Nada contra, mas alguns procedimentos substitutivos ou complementares podem otimizar a análise do material filmográfico.

Em primeiro lugar, se a maior parte dos alunos envolvidos possuir aparelho de videocassete ou DVD em casa, é mais produtivo eles assistirem ao filme na íntegra fora do horário de aula. Divida os alunos em grupos de trabalho e solicite, como tarefa e atividade de estudo, a assistência do filme selecionado, sistematizando-a na forma de relatório escrito a partir de um roteiro. Ela não deve ser informal e descomprometida, e sim indexada a um trabalho escrito (ainda que em grupo). A única preocupação prática que o professor deve ter neste tipo de procedimento é verificar se todos os grupos terão acesso ao filme selecionado. Este problema parece menor, mas muitos filmes não possuem cópias em abundância nas locadoras, e este problema se complica em cidades médias e pequenas, dada a escassez de boas locadoras em área próxima e acessível aos alunos.

Quando o professor verificar que o acesso ao filme é restrito, ou que nas casas da maioria dos alunos não há aparelho de videocassete ou DVD, é melhor que o filme seja exibido em horário de aula ou na sala de vídeo, em horário previamente agendado.

Um procedimento interessante (dependendo do objetivo da atividade e do comportamento dos alunos diante de atividades não convencionais) é selecionar apenas alguns trechos dos filmes escolhidos, trabalhando com cenas e sequências curtas, que exigem menos tempo e concentração do aluno. O professor que optar por esse tipo de exibição deve preparar a classe, informando-a sobre o filme, fornecendo sinopse da história e explicando o contexto das cenas selecionadas. Todo esse cuidado serve para evitar que a atividade seja alienada e fragmentada.

Em resumo, existem três formas possíveis de exibição/assistência de um filme dentro das atividades escolares: a) exibição/assistência na sala de aula ou de vídeo, dentro do horário da(s) aula(s); b) assistência em casa, por grupos de alunos previamente formados e informados pelo professor; c) exibição, na sala de aula, de cenas ou sequências selecionadas pelo professor. O importante é ter coerência entre a forma de exibição/assistência e os objetivos/amplitude da atividade planejada.

Forneça um roteiro de análise para os alunos

Qualquer que seja o tipo de exibição escolhida pelo professor, é de fundamental importância a elaboração de um roteiro de análise. Mesmo que o professor e os alunos optem por uma primeira assistência livre, sem sistematização da análise e pré-orientação do olhar, nos momentos posteriores da atividade um roteiro de análise será bastante útil. Não se trata de limitar a criatividade dos alunos-espectadores ou desestimular as várias leituras válidas de uma obra cinematográfica, mas estabelecer alguns parâmetros de análise com base nos e objetivos da atividade.

O roteiro pode se dividir em duas partes: a) informativa, a título de subsídio para o aluno (uma opção é fazer com que o aluno procure informações sobre o filme); b) interpretativa, provocando o olhar do aluno e delimitando algumas questões básicas para serem percebidas e assimiladas durante a primeira assistência.

A parte informativa do roteiro de análise deve conter ao menos os seguintes elementos: ficha técnica (nome do diretor, nacionalidade, ano de produção, nome dos atores etc.); gênero e tema central; sinopse da história; lista dos personagens principais, suas características e funções dramáticas. No caso de filmes com tema histórico é importante os alunos procurarem (previamente ou imediatamente após a primeira assistência do filme) informações mínimas sobre o contexto/país no qual o filme foi produzido e eventos/personagens históricos representados.

A parte interpretativa do roteiro prévio de análise pode ser elaborada na forma de um conjunto de questões (assertivas ou interrogativas) que dirija o olhar do aluno para os aspectos mais importantes do filme, baseado nos princípios, no conteúdo disciplinar e nos objetivos da atividade proposta. Não é necessário um grande número de questões (para não prejudicar a fruição do aluno-espectador), mas é fundamental que elas sejam bem direcionadas e

LEITURA COMPLEMENTAR 6: QUESTÕES E PROJETOS QUE PODEM SER USADOS EM QUALQUER FILME

(Conforme proposta do *website*:
http://www.teachwithmovies.org)

Tradução: Marcos Napolitano

Questões:

1. Qual o tema do filme? O que os realizadores do filme tentaram nos contar? Eles conseguiram passar a sua mensagem? Justifique a sua resposta.

2. Você assimilou/aprendeu alguma coisa com este filme? O quê?

3. Algum elemento do filme não foi compreendido?

4. Do que você mais gostou neste filme? Por quê?

5. Selecione uma sequência protagonizada por um dos personagens do filme, analise e explique qual a sua motivação dramática. O que a sua motivação tem a ver com o tema do filme?

6. Qual o seu personagem favorito no filme? Por quê?

7. Qual é o personagem de que você menos gostou? Por quê?

8. Descreva o uso da cor no filme. Ela enfatiza as emoções que os realizadores tentaram evocar? Como você usaria a cor no filme em questão?

9. Analise o uso da música no filme. Ela conseguiu criar um clima correto para a história? Como você usaria a música neste filme?

10. Todos os eventos retratados no filme são verdadeiros (ou verossímeis)? Descreva as cenas que você achou especialmente bem coerentes e fiéis à realidade. Quais as sequências que parecem menos realistas? Por quê?

11. Qual é a síntese da história contada pelo filme?

12. Como a montagem do filme interfere na história contada pelo filme?

Projetos:

- Os alunos podem ser solicitados a escrever um ensaio sobre qualquer das questões acima.

provocativas, estimulando a assimilação e o raciocínio crítico do aluno em torno do material cinematográfico selecionado.

Selecione, se for preciso, textos de apoio

Alguns textos de apoio diretamente relacionados ao filme exibido podem ser muito úteis, dentre eles: entrevistas com o diretor e atores, críticas publicadas em jornais etc. Estes textos de apoio não substituem, didaticamente falando, o roteiro de informação e análise, mas podem funcionar como "textos-geradores" de problemas e questões, enriquecendo a assimilação do aluno. Nas atividades em que o filme é utilizado como fonte e visto na íntegra, esse tipo de material é importante não apenas para os alunos, mas também como recurso para a formação dos próprios professores.

Forme grupos de discussão com base nos relatórios

Depois de o filme ter sido visto e assimilado pelos alunos, é necessário que o professor estimule uma análise aprofundada e crie desdobramentos para a atividade (que serão mais completos e amplos quanto mais o filme for importante para a atividade planejada).

Em primeiro lugar, é importante formalizar em algum nível, seja escrito ou na forma de painéis ilustrados, a primeira análise dos alunos. Nesse caso, o trabalho executado por pequenos grupos pode ser especialmente rico. Compare a leitura dos grupos, além de expor, sem inibir os alunos, a sua leitura de professor, que deve ser mais provocativa do que conclusiva. Caso seja necessário, o professor pode exibir os trechos do(s) filme(s) que eventualmente tenham causado mais polêmica, leituras ambíguas ou contrastantes.

Quando o filme for elemento indireto dos objetivos da atividade, sendo apenas gerador das discussões (abordagem especialmente profícua em ciências da natureza e temas transversais), a análise do filme em si, seus elementos narrativos e formais, não é fundamental. Mas nas atividades em que o filme for fonte central de análise (ainda que direcionada para o aprendizado de conteúdos disciplinares específicos), o professor deve levar em conta os aspectos narrativos e formais, pois são neles que encontramos a "mensagem" e os valores veiculados pelo filme.

Como princípio geral, nos dois casos, procure confrontar a abordagem ou os problemas propostos com base no tema em dois planos: a) a abordagem do(s) filme(s) em si; b) a comparação do(s) filme(s) com outros textos e documentos em outra linguagem (escrita, sonora, iconográfica). Esse tipo de abordagem comparativa é especialmente útil para provocar no aluno certo distanciamento do impacto inicial, de ordem cognitiva e ideológica, que os filmes costumam causar nos espectadores mais envolvidos. O professor deve comentar e problematizar o filme sob uma óptica interdisciplinar: ciências da natureza (as explicações e teorias científicas veiculadas), códigos e linguagens (as várias formas de comunicação e representação simbólica catalisadas pelo filme), ciências humanas e temas transversais (as várias representações e os vários contextos históricos, os agentes e as instituições sociais, os princípios e os valores ideológicos). Estes quatro grandes conjuntos estão presentes em quase todos os filmes e tendem a se sobrepor em relação à abordagem escolar tradicional, pois o cinema tem a vantagem de possuir uma linguagem e um poder de convencimento mais sedutores, dada sua natureza artística e "mágica". Portanto, o trabalho de cotejamento sistemático com outras fontes e linguagens é um importante desdobramento da atividade, sob pena de as representações e os valores veiculados pelo filme serem assimiladas como "verdade" inequívoca.

Organize uma síntese da discussão grupal, relacionando-a com o conteúdo trabalhado no seu curso

Depois da primeira assistência, análise sistematizada, discussão dirigida e produção de um trabalho (individual ou em grupo), pode ser interessante, com o fechamento, uma segunda sistematização das análises e outras questões surgidas, sem um caráter necessariamente conclusivo e definitivo. Esse tipo de sistematização final da atividade, antes de seguir adiante com as aulas e com a análise de outros textos e outras questões, serve para que o grupo aprimore as formas de compartilhar e sustentar ideias e opiniões surgidas num processo de discussão coletiva. Em linhas gerais, deve-se elaborar uma síntese dos trabalhos e das abordagens surgidos nos diversos grupos de alunos, valorizando as diferenças de opinião e as várias formas de assimilação, tanto do material fílmico quanto dos conceitos, das habilidades e dos conteúdos envolvidos na atividade.

PROCEDIMENTOS E ETAPAS DE ANÁLISE FÍLMICA (1): PESQUISA

Num primeiro momento, a classe deve pesquisar informações sobre a produção do filme e seu contexto (em classe ou em casa, sob a coordenação do professor, com material fornecido ou não). Com base no roteiro básico fornecido pelo professor ou pesquisado pelo aluno, dependendo do caráter da atividade pode ser necessário um aprofundamento na busca das informações sobre o filme em questão. A seguir, alguns tipos de informação que ajudam a aprimorar a análise e a crítica do material cinematográfico.

Informações sobre o tratamento temático do filme (roteiro original, adaptado de fatos reais ou neles inspirado etc.)

Normalmente, os filmes partem de um argumento básico, desenvolvido por um roteirista e encenado por um diretor. O argumento e o roteiro (que inclui as cenas e os diálogos) podem ser: originais e puramente ficcionais; adaptados de uma peça de teatro, um conto ou um romance; inspirado em fatos e personagens reais. Portanto, são três vetores de pesquisa diferentes para o aluno. No caso dos roteiros adaptados de fatos reais ou neles inspirados, é muito estimulante e enriquecedor para a análise que o aluno procure conhecer um pouco mais sobre o material original adaptado ou o personagem/evento que inspirou o roteirista. No primeiro caso, percebem-se as diferenças de tratamento da mesma história em linguagens diferentes. No segundo caso, ficam expostas as formas e os recursos específicos de representação, mesmo quando o filme se propõe a ser realista e fiel aos fatos retratados.

Biografia e currículo do diretor

O diretor é a cabeça do enorme conjunto de profissionais e artistas que atuam na produção de um filme. No caso do chamado "cinema de autor" (mais artesanal e menos ligado aos grandes estúdios comerciais), o diretor é uma figura ainda mais importante, muitas vezes acumulando a função de roteirista.

No caso do cinema produzido em escala industrial, o diretor tem sua importância reduzida, mas tende a se tornar tanto mais importante e relativamente autônomo quanto maior for o seu sucesso com o grande público. Em ambos os casos, o diretor imprime sua marca, dando ao filme ritmo narrativo específico, escolhendo os movimentos de câmera e as sequências, assim como direcionando a forma de interpretação dos atores. Portanto, saber um pouco mais sobre a trajetória do diretor do filme selecionado pode ajudar a analisar melhor a sua obra, além de esclarecer certas passagens eventualmente ambíguas, reduzindo o leque de interpretações possíveis sobre o sentido mais profundo dessa ou daquela cena. Entre as informações mais importantes a serem pesquisadas destacamos: a formação do diretor, suas influências artísticas e posições político-ideológicas, os filmes que realizou, os prêmios que acumulou etc. Portanto, não se trata de saber as minúcias da sua vida privada e sim conhecer sua biografia artística.

Observações sobre a equipe técnica

Este tipo de informação já não é tão acessível aos alunos e mesmo aos professores, demandando um envolvimento maior com a linguagem do cinema e uma fonte de informação mais sofisticada. Certos profissionais, como roteiristas, montadores/editores, produtores, fotógrafos, continuístas, figurinistas, desenhistas de produção e técnicos em efeitos especiais podem, em alguns casos, ser tão importantes para o resultado final de um filme quanto o diretor e os atores.

Observações sobre os atores/interpretação

Os atores são os profissionais do cinema mais cultuados e conhecidos pelo público e não é raro que certos filmes sejam feitos especialmente para astros e estrelas, que, pela simples presença, garantem grande bilheteria, independentemente dos seus talentos dramáticos. Os atores e as atrizes mais talentosos e carismáticos, apesar de atuarem dentro dos parâmetros fornecidos pelo roteiro e sob a batuta do diretor, conseguem imprimir um estilo pessoal na construção e interpretação do personagem representado. Esse estilo pode ser determinante para o resultado final do filme e, no caso de artistas dotados de talento dramático especial, podem compensar um roteiro frágil ou um diretor fraco. Para os tipos de análise fílmica desenvolvidos em projetos escolares, uma especial atenção à trajetória dos atores pode ajudar a compreender melhor o sentido e a função dos personagens representados. Sobretudo para as atividades voltadas para Educação Artística e Educação Física, é especialmente interessante conhecer as técnicas de interpretação, a expressão corporal e a interiorização psicológica do personagem executadas pelo ator que o interpreta. Essas técnicas e habilidades desenvolvidas por um ator podem fornecer bom material de debate e inspiração para as atividades escolares. No caso de personagens históricos, a busca de informações sobre os atores que os interpretam é ainda mais importante, pois ajuda os professores e alunos a comparar a pessoa (em seus diversos aspectos físicos, psicológicos, emocionais, ideológicos etc.) com o personagem representado. Alguns filmes ficaram marcados pela interpretação vigorosa que atores e atrizes desenvolveram para encarnar personagens famosos e podem ser objeto de discussão em sala de aula. A seguir, uma pequena lista:

- Elizabeth Taylor, como Cleópatra.
  CLEÓPATRA. Joseph Mankiewick (dir.). EUA: 1963. son., col. [Título original: *Cleopatra*]. Leg. português.

- Gérard Depardieu, como Danton.
  DANTON – O PROCESSO DA REVOLUÇÃO. Andrzej Wajda (dir.). França/Polônia: Pole Vídeo, 1982. 1 filme (131 min.), son., col. [Título original: *Danton*]. Leg. português.

- Marco Nanini, como D. João VI.
  CARLOTA JOAQUINA. Carla Camurati (dir.). Brasil: 1995. 1 filme, son., col.

- Montgomery Clift, como Freud.

  FREUD, ALÉM DA ALMA. John Huston (dir.). 1960. [Título original: *Freud*]. Leg. português.

- Ben Kingsley, como Gandhi.

  GANDHI. Richard Attenborough (dir.). EUA: 1982. 2 filmes, son., col. [Título original: *Gandhi*]. Leg. português.

- Daniel Auteuil, como Henrique de Navarra.

  RAINHA MARGOT. [Título original: *La Reine Margot*]. Leg. português.

- Sérgio Rezende, como Lamarca.

  LAMARCA. Brasil: 1995. 1 filme, son., col.

- Peter O'Toole, como Lawrence da Arábia.

  LAWRENCE DA ARÁBIA. David Lean (dir.). EUA: 1962. [Título original: *Lawrence of Arabia*]. Leg. português.

- George C. Scott, como General Patton.

  PATTON, REBELDE OU HERÓI. Franklin Schaffner (dir.). 1970. [Título original: *Patton*]. Leg. português.

Impacto da obra no seu tempo: bilheteria, crítica, prêmios, polêmicas etc.

Bons catálogos de vídeo trazem pequenos resumos que podem conter algumas dessas informações. Com base na rejeição ou aceitação da crítica e do público, nas polêmicas suscitadas pelo filme, seu impacto para a história/linguagem do cinema como um todo, é possível aprimorar a análise e compreensão de cenas e sequências que, por si, não conseguem transmitir toda a carga de informações, questões e problemas veiculados. Essas informações ajudam a formar um olhar mais atento e crítico, não apenas sobre o filme em questão, mas também sobre os filmes em geral. Sem um mínimo de informação relativa ao impacto do filme na época da estreia, boa parte do sentido e da importância das cenas e sequências pode se perder. Para as áreas de ciências humanas (sobretudo História), esse lapso pode ser prejudicial para o bom andamento das atividades escolares.

PROCEDIMENTOS DE ANÁLISE FÍLMICA (2): PRIMEIRA ASSISTÊNCIA

Uma vez procedidas as etapas de planejamento, preparação e busca de informações básicas e adicionais sobre os filmes, é possível efetivar e otimizar o trabalho de assistência do filme pelos alunos, na sala de aula ou em casa, com base na formalização de alguns elementos básicos do material cinematográfico.

Reconstituição sumária da história

Um exercício fundamental e interessante, sobretudo para os anos iniciais, é fazer o aluno, oralmente, por meio de gestos ou por escrito, reconstituir com lógica a história assimilada. As reconstituições tanto podem ser atividades-meio para as disciplinas de ciências naturais ou humanas, como atividades-fim para as disciplinas da área de códigos e linguagens. As reconstituições podem ser de naturezas diversas, conforme os objetivos da atividade em questão:

a) Elaboração da sinopse: a sinopse, de preferência diferente daquela veiculada na contracapa dos cartuchos de vídeo ou nos catálogos e nas enciclopédias, constitui o primeiro passo, básico, na assimilação e fixação do conteúdo narrativo básico. A elaboração da sinopse pelo aluno ou pelo grupo, além de ser pré-requisito recomendado para qualquer atividade em qualquer disciplina, tem uma função especial no desenvolvimento de habilidades narrativas e redacionais, exigindo grande poder de síntese, discernimento do que é importante e superficial e capacidade de expressão pela linguagem escrita.

b) Reconstituição oral: importante e especialmente recomendada para atividades com crianças até 12 anos. Permite a fixação de conteúdos vistos e o desenvolvimento da capacidade de síntese/memória e habilidades narrativas. Pode ser o primeiro passo para a elaboração da sinopse escrita ou constituir atividade-fim, desde que o objetivo seja o desenvolvimento das capacidades de comunicação e expressão oral.

c) Reconstituição imagética/iconográfica/plástica: pode ter aplicação específica em Educação Artística e Informática (sobretudo *design* gráfico), constituindo também atividade-fim. A partir da assistência de filmes é possível desenvolver atividades de expressão artística como desenho, pintura, escultura, artesanato e bricolagem, além de painéis com cartolina, adereços corporais, vídeos, *websites* e até estruturas tridimensionais. Um desafio que pode provocar o aluno é tentar sintetizar o conteúdo, os personagens e a narrativa do filme articulando palavras, imagens, sons e objetos incorporados de outras fontes ou desenvolvidos pela própria classe.

d) Reconstituição gestual: também existem muitas possibilidades de desenvolver atividades-fim com esse tipo de reconstituição dos elementos de um filme, especialmente úteis para o ensino de Educação Física e Artes Dramáticas. Por exemplo, a tradicional brincadeira de mímica: divide-se a classe em dois ou mais grupos e um membro é escolhido para ouvir, em segredo, o nome de um filme, tendo que transmiti-lo ao seu time sem utilizar palavras ou imagens, apenas gestos. Estes gestos podem remeter às cenas mais famosas, personagens ou fonemas que constituem o nome do filme. Caso o seu grupo não consiga adivinhar o título dentro de um tempo predeterminado, é ponto para o(s) outro(s) time(s). Com essa brincadeira descomprometida, o professor pode trabalhar a expressão corporal do aluno e a cultura corporal veiculada pelo cinema.

Outro tipo de atividade possível é a reconstituição da interpretação corporal e dos gestos dos personagens, das coreografias e da disposição cênica dos atores. Este tipo de atividade tanto pode servir para montar psicodramas (eventualmente utilizados em temas transversais) quanto no ensino específico de artes dramáticas (teatro), matéria presente em muitas escolas.

Principais personagens e suas características dramáticas (função na história)

Depois da sinopse ou da reconstituição do conteúdo fabular básico de um filme, o professor pode aprofundar a análise exigindo do aluno especial atenção sobre os principais personagens e suas respectivas funções dramáticas dentro da história. Em filmes vinculados aos gêneros consagrados e comprometidos com bilheteria, quase sempre os personagens apresentam pouca densidade psicológica ou emocional, e as relações dramáticas tendem a ser mais simplistas, quase sempre se resumindo ao eterno jogo do Bem contra o Mal, ou mocinhos contra bandidos. O professor deve ficar atento a essas características, sobretudo em filmes baseados em fatos e personagens reais, via de regra mais complexos em sua psicologia, ideologia e suas motivações éticas do que mostra o filme. Por exemplo, ao assistir a *Amadeus*, o espectador pode achar que Antonio Salieri, o "inimigo" do jovem e simpático Mozart, era "mau" e invejoso. Ou, ao ver *O patriota*, o espectador é induzido a ver diferenças éticas e morais (além de políticas) entre os ingleses e os colonos americanos, durante a Guerra de Independência dos EUA. Em resumo, a realidade e seus protagonistas são sempre mais complexos, e poucos filmes conseguem captar parte desta complexidade (até porque eles não têm obrigação de fazê-lo).

Esse tipo de exercício pode ter especial importância em filmes baseados em fatos reais (biografias, filmes históricos, reconstituição de eventos recentes), pois ele permite compreender as diferenças entre os personagens reais e os personagens representados. Para as matérias ligadas à comunicação, à expressão e ao desenvolvimento de habilidades na análise e elaboração de textos, o foco nas personagens cinematográficas pode se articular com a elaboração de análises de obras literárias, em exercício mais voltado ao ensino médio e pré-vestibular. É importante que o aluno perceba as diferenças entre a elaboração de personagens literários e cinematográficos, seus diferentes suportes de representação (escrita e audiovisual), a profundidade psicológica possível nas duas linguagens, a percepção dramática dentro da história. Um bom exercício é comparar personagens em filmes adaptados de obras literárias (ver parte 2 – Atividades) e fazer o aluno discutir sobre as diferentes representações e possibilidades de expressão em linguagens distintas. Nesse sentido, a discussão enfocando personagens pode ser uma atividade-fim. Por outro lado, pode ser uma atividade-meio quando o professor se utilizar da análise específica dos personagens para desenvolver debates sobre os aspectos históricos, sociológicos, éticos, morais e ideológicos presentes no filme.

Mensagem principal da obra (desenvolvimento do roteiro, conceitos, valores culturais e ideológicos)

Quando o filme for utilizado numa atividade-meio, é muito importante o professor estimular um debate sobre a chamada "mensagem" principal da obra. Este ponto pode gerar polêmica, na medida em que o cinema, tal como as obras de arte, possui mensagens ambíguas e suscitam diversas interpretações válidas. No entanto, os filmes, sobretudo aqueles voltados ao grande público, geralmente procuram "fechar" ao máximo sua mensagem com técnicas de roteiro e veiculação de valores, conceitos e preconceitos de toda ordem. Portanto, por mais que as situações dramáticas e personagens deem margem a diversas interpretações aos espectadores, é preciso que o professor estimule o debate sobre a mensagem principal que o diretor ou o sistema que produziu a obra quis fixar no receptor. Quase sempre essas mensagens são de natureza político-ideológica ou ético-moral e, neste sentido, o cinema (sobretudo o americano) tem uma função ideológica e cognitiva fundamental no mundo moderno. Ele não apenas veicula determinada imagem da "América" para os espectadores americanos como também consolida e propaga valores ideológicos e morais do *american way of life* (hoje em dia cada vez mais hegemônico no mundo ocidental ou ocidentalizado), além de produtos e bens culturais em geral. Tais subterfúgios não são específicos do cinema americano, mas a situação privilegiada e hegemônica desta indústria cinematográfica no mercado mundial de filmes exige atenção especial da escola, não necessariamente para "resistir" à "invasão imperialista" e sim para problematizar valores veiculados como verdades absolutas. Aliás, essa operação crítica deve ser feita com qualquer filme, de qualquer país ou época.

PROCEDIMENTOS DE ANÁLISE FÍLMICA (3): SEGUNDA ASSISTÊNCIA

A segunda assistência (em casa, em grupo ou individualmente) pode servir para aprimorar e refinar o olhar analítico sobre elementos de linguagem cinematográfica que, dependendo dos objetivos da atividade proposta, podem ser importantes. Reiteramos que a análise de aspectos da linguagem cinematográfica não são meramente exercícios intelectuais supérfluos e ornamentais à discussão, pois é com base neles que o filme se realiza como experiência estética e veículo de mensagens. A seguir, sugerimos alguns procedimentos que trabalham elementos de linguagem cinematográfica (ver Glossário):

- Decupagem (sequências numeradas): os alunos devem exercitar uma análise detalhada do filme, marcando por escrito na ficha filmográfica (ver Anexo) suas sequências. Esta atividade não deve ser tão metódica para os alunos do ensino fundamental. Mesmo em relação aos alunos do ensino médio, a tendência é eles confundirem planos (cortes de câmera), sequências (conjunto de planos que forma uma unidade narrativa básica) e partes maiores do filme (grandes cortes de espaço e tempo). O importante é eles aprenderem a analisar o filme com base no detalhe e na estrutura. O resultado importa menos que o processo de educar o olhar para a percepção desses elementos.

- Trilha sonora: a trilha sonora (ruídos, efeitos e músicas) é um elemento expressivo fundamental, cuja função é reforçar os efeitos emocionais ou o sentido de uma sequência. Em alguns casos, ela pode antecipar o desfecho da sequência em alguns segundos ou mesmo desviar a atenção do espectador. Todos esses elementos são absorvidos inconscientemente, mas são produtos de escolhas dos profissionais que fazem o cinema, com fins determinados. Discuta com a classe qual a intenção dos responsáveis pela trilha sonora e do diretor ao escolher determinados sons para acompanhar a imagem.

- A fotografia: é responsável pela qualidade, pela textura, pelo sombreamento e pelo colorido da imagem que vemos na tela. Um filme pode ser sombrio (*Blade Runner – o caçador de androides*), luminoso (a segunda parte de *Central do Brasil*), preto e branco (*Terra estrangeira*) ou colorido com predominância de diversas tonalidades e texturas. Por exemplo, um filme que queira passar tristeza pode ter a predominância (em objetos, figurinos ou em tons gerais) do azul. Já outro, que queira passar sensualidade ou ternura, pode tender para o vermelho. Um bom exercício, para classes mais adultas e maduras, é assistir à trilogia de Krzysztof Kieslowski (*A liberdade é azul*, *A igualdade é branca* e *A fraternidade é vermelha*), filmes feitos entre 1993 e 1994, que são verdadeiros exercícios de fotografia e expressividade de sentimentos por meio da cor e da textura. Para as classes mais infantis, os desenhos animados são sempre um bom exercício de percepção.

- Figurino: elemento expressivo que é visto normalmente como puramente instrumental ou ornamental, o figurino também pode expressar mensagens e reforçar identidades dos personagens ou de determinadas épocas. Nos filmes de ficção científica, ele quase sempre é desenhado conforme o sentido de futuro do imaginário coletivo: pode ser funcional e "limpo", visualmente falando (*2001 – Uma odisseia no espaço*), sujo e agressivo (*Alien – o oitavo passageiro*) ou uma mistura de épocas, para reforçar o tema geral do filme (*Blade Runner – o caçador de androides*). A mesma perspectiva pode ser aplicada aos cenários.

- Câmera (ponto de vista e enquadramento): a câmera guia o nosso olhar. O *cameraman* (operador de câmera), trabalha subordinado ao diretor e é um profissional de sua inteira confiança. O diretor sugere um enquadramento ou movimento e o operador deve cumpri-lo à risca ou adaptá-lo tecnicamente para atingir o efeito expressivo desejado. A câmera organiza o quadro cênico (todos os elementos que vemos na tela), enfatiza determinados personagens ou objetos pelo enquadramento, conduz o olhar pelo mundo fílmico por meio dos seus movimentos e ângulos. Ela não é uma passagem neutra para o mundo do filme e sim a janela que nos permite ver ou não certos elementos que nos contam determinada história. Ver no Glossário os tipos de enquadramento e movimento mais utilizados.

O TRABALHO EM SALA DE AULA (SOB A COORDENAÇÃO DO PROFESSOR)

Se o professor optar pela assistência doméstica ou extraclasse do filme, existem vários caminhos para articular esse exercício (bem como o levantamento inicial das informações fílmicas e extrafílmicas) às atividades específicas em sala de aula.

Apresentação dos grupos com base na ficha ou relatório filmográfico (ver modelo)

A apresentação do resultado da assistência, da análise e do levantamento informativo sobre o filme por parte dos diversos grupos pré-constituídos é uma atividade simples e sem grandes segredos, permitindo, com poucos recursos, o debate organizado no formato de seminário temático ou textual.

Debate livre e estabelecimento das diferenças de leitura e análise (interpretações válidas e correção de erros de leitura)

Caso o professor ou alunos não queiram trabalhar em grupo, é possível desenvolver o debate de maneira mais livre, aberta e individual.

O risco é o monopólio da palavra pelos alunos mais extrovertidos ou mais maduros intelectualmente. No caso de optar por este tipo de debate, o professor deve funcionar não só como elemento mediador, mas também como elemento agregador das discussões, dúvidas e ideias, elaborando formas de sintetizar o resultado do debate e provocando os alunos menos participativos. O formato do debate livre pode resvalar num tipo de "achismo" que inicialmente pode ser interessante, mas deve ser bem articulado pelo professor para que os resultados da atividade não se diluam. Além disso, ele deve estar atento a eventuais erros de leitura fílmica e, mesmo levando em conta a ambiguidade do material, não pode desrespeitar o leque de interpretações lógicas possíveis da fonte. Este é um ponto importante, pois os adolescentes tendem a fazer inferências que nada têm a ver com as obras analisadas. Além disso, podem ocorrer problemas básicos de assimilação do conteúdo visto nas crianças e nos pré-adolescentes, não por deficiência dos alunos, e sim pela escolha errada do material, que não deve exigir habilidades e conceitos para sua interpretação incompatíveis com a faixa etária e escolar dos alunos envolvidos na atividade.

Articulação com o conteúdo trabalhado em classe

Finalmente, uma boa opção de fechamento/síntese das atividades com filmes na escola (além do retorno ao conteúdo curricular estabelecido), pode ser o desenvolvimento de trabalhos paralelos mais ou menos ligados ao filme em questão (não confundir com o relatório escrito sobre o filme, que é uma atividade inserida no processo de análise do material). Depois de o filme ter sido visto, interpretado e analisado com certo grau de detalhe pelo professor e pelos alunos, o núcleo central da atividade com filmes pode se desdobrar em trabalhos complementares (de ordem temática, de linguagem ou com base nos problemas surgidos nos debates sobre o filme). Eis algumas sugestões:

a) Dissertação temática: individual, de uma a três páginas, na qual o aluno exercita o desenvolvimento da argumentação em torno de um aspecto surgido ao longo dos debates (ou sobre o filme em si). Recomendada para o final do ensino fundamental ou para o ensino médio. Pode assumir forma de redação simples, descritiva ou narrativa quando aplicada ao ensino fundamental.

b) Monografia: trabalho de maior fôlego, mais comum em escolas particulares, na qual deve ocorrer o aprofundamento de algum aspecto temático ou estético, gerado pelo debate em torno do filme, com procedimento de pesquisa mais sistemático (hipótese, revisão bibliográfica, fontes ou pesquisa de campo). Mais recomendável para os últimos anos do ensino médio.

c) Painel: desenvolvimento, articulando imagens e palavras, de algum aspecto gerado pela atividade com o filme. Especialmente útil na organização de ideias e coordenação da expressão. Pode ser desenvolvida, em grau de complexidade e exigência crescente, a partir da metade do ensino fundamental (c. 12 anos).

d) Jogos e gincanas: podem ser derivados da atividade principal de diversas maneiras, valendo a criatividade do professor. Desde encenações de partes do filme, gincanas informativas e de conhecimento específico, concurso de trajes e cenários etc. Especialmente aplicável ao longo do ensino fundamental, desde seus primeiros anos e ciclos.

e) Feiras científicas: o material fílmico pode suscitar atividades voltadas diretamente para o ensino de ciências, em seus diversos níveis e matérias. Os alunos podem vivenciar experiências e problemas veiculados pelo filme, assim como reproduzir mecanismos, objetos e sistemas que surgiram na obra. Os filmes de ficção científica e que versam sobre meio ambiente e temas científicos em geral (biologia, física etc.) podem gerar atividades muito ricas e criativas.

f) Criação de *websites*: particularmente útil para o ensino de Informática. O aluno poderá pesquisar tanto nos *sites* oficiais quanto produzir *sites* pessoais sobre os filmes ou temas indiretamente ligados às atividades desenvolvidas.

Com base nesses procedimentos básicos (que, diga-se, jamais irão substituir a criatividade e estratégias de cada professor) para cada público-alvo, vamos passar às atividades com filmes específicos. Alertamos que seria impossível incluir todos os filmes; muitos deles, importantes, foram deixados de fora. Portanto, as atividades a seguir são meras sugestões iniciais, pontos de apoio para que o professor desenvolva seu próprio acervo de filmes e roteiros de atividades específicas.

ATIVIDADES COM FILMES

ATIVIDADES BASEADAS NO CONTEÚDO FÍLMICO: POR DISCIPLINAS

CIÊNCIAS HUMANAS: HISTÓRIA GERAL E DO BRASIL

Spartacus

Público-alvo: ensino fundamental (8º e 9º anos) e ensino médio
Área principal: Antiguidade/Roma
Cuidados: nenhum
Roteiro de análise:

No auge do cinema épico hollywoodiano, entre o final dos anos 1950 e início dos anos 1960, foi solicitado ao cineasta estreante Stanley Kubrick que dirigisse a saga do escravo romano Spartacus, líder de uma revolta contra o poder imperial de Roma no ano 70 d.C. *Spartacus* seguiu o mesmo caminho em filmes como *Cleópatra*, *Barrabás* e *Ben-Hur*, figuras magnéticas da História Antiga: a ênfase na luta individual dos personagens por poder ou justiça, tornando-se um filme soberbo, mostrando a luta de Spartacus por ideais de libertação coletiva, contra a opressão.

- Analise os dois núcleos dramáticos do filme: os senadores e generais romanos e os escravos liderados por Spartacus. Preste atenção nos discursos e diálogos de cada núcleo, nos valores e nas relações de poder que se estabelecem. O núcleo de personagens que forma o poder imperial (capitaneados pelos atores Laurence Olivier e Charles Laughton) é construído com base na estética (e da ética) do teatro shakespeariano, com personagens contraditórios, tragados pela ambição e pelas armadilhas do poder.

- Já o núcleo de escravos rebelados é construído com base na estética do realismo socialista, com seus heróis modelares e humanistas. Solicite uma pesquisa a respeito e aprofunde essas ideias com a classe.

- Compare este filme com outros do mesmo gênero (o já citado *Ben-Hur* ou o recente *Gladiador*). Como a Roma Imperial é representada? Como os escravos que eram obrigados a lutar são representados? Quais as motivações psicológicas e políticas que movem os personagens que se rebelam contra Roma? Compare-os e faça uma discussão sobre os valores morais e ideológicos que os filmes veiculam.

O incrível exército de Brancaleone

Público-alvo: ensino médio
Área principal: Idade Média
Cuidados: nudez
Roteiro de análise:

> A história de Brancaleone da Norcia, cavaleiro maltrapilho, e seu "exército" de mendigos, malandros, velhos e crianças, é nitidamente inspirada em *Dom Quixote de La Mancha*. Brancaleone se acha o melhor cavaleiro do mundo e quer cumprir o "código de cavalaria" medieval (que pregava heroísmo e a defesa da cristandade), mas se choca com sua própria fraqueza, incompetência e com a realidade social que não segue códigos morais preestabelecidos. O resultado é uma comédia hilariante que aborda temas históricos sérios de maneira profunda. O professor pode discutir temas como cavalaria, cruzadas, heresias, feudalismo, peste negra etc.

- Em quais sequências aparecem as obrigações feudais?

- Como são representados o universo das cidades e os castelos medievais? Proponha uma comparação com outros filmes a respeito e estabeleça as diferenças.

- Como é a psicologia dos personagens? Quais as suas motivações e os seus valores morais diante de situações que envolvem a luta pela sobrevivência, numa sociedade marcada pela violência?

O nome da rosa

Público-alvo: transição e ensino médio
Área principal: Idade Média
Cuidados: nudez e sexualidade
Roteiro de análise:

> Em 1327, William de Baskerville (Sean Connery), monge franciscano, e Adso von Melk (Christian Slater), noviço que o acompanha, chegam a um remoto mosteiro no norte da Itália com a finalidade de investigar estranhos assassinatos, que alguns religiosos acreditam ser obra do demônio. O desfecho é surpreendente.

- Quais as ordens religiosas que aparecem no filme? Os alunos devem pesquisar sobre elas e compará-las com os personagens do filme e suas falas.

- O filme mostra um lugar chamado *Scriptorium*, onde os monges copistas se reuniam para copiar textos importantes sobre religião e ciência. Solicite uma pesquisa sobre essa atividade.

- Quais as heresias citadas no filme? Como o filme representa a relação da Inquisição e do papado com elas? Compare com os resultados da pesquisa histórica e discuta com os alunos.

- Como é a relação dos camponeses com o mosteiro? Os alunos podem pesquisar sobre os camponeses medievais e comparar os resultados com as condições de vida e trabalho dos camponeses atuais.

- O professor pode propor aos alunos uma espécie de gincana: descobrir por que os personagens se chamam William de Baskerville, Adso e Jorge de Burgos (ensino médio).

Navigator – uma odisseia no tempo

Público-alvo: transição e ensino médio
Área principal: Idade Média
Cuidados: nenhum
Roteiro de análise:

> Trabalhadores das minas, habitantes de uma vila medieval inglesa, ouvem falar da grande peste (a Peste Negra de 1348) que está por vir. Para aplacar o que eles acreditavam ser a fúria de Deus, um grupo de peregrinos resolve seguir os sonhos de um menino, interpretados como sinais da vontade divina. Estes sinais pediam que um grupo fizesse uma peregrinação a uma terra distante e depositasse uma cruz no alto de uma igreja. O grupo parte para a peregrinação e encontra uma estranha cidade, na qual devem concluir sua missão para salvar a aldeia. Na verdade, o espectador logo perceberá tratar-se de uma cidade do século XX que, para os olhos dos homens medievais, parece uma terra encantada e mágica.

- Como o grupo de trabalhadores humildes da Idade Média se relaciona com a religiosidade, conforme o filme?

- Como o grupo de homens medievais se relaciona com os elementos da cidade moderna? O que, no imaginário medieval, permite que essa experiência seja vivida como se fosse verossímil, embora fantástica e mágica?

- Pesquisar sobre a Peste Negra de 1348 e seus efeitos na consciência e religiosidade do homem medieval europeu. Com base no tema transversal "saúde", a classe pode estabelecer comparações com as epidemias atuais.

A missão

Público-alvo: ensino fundamental (7º ao 9º anos) e ensino médio
Área principal: América Colonial
Cuidados: nenhum
Roteiro de análise:

> *A missão* é um filme bastante utilizado em escolas, por motivos óbvios: uma aventura movimentada, com grandes atores, cenários deslumbrantes e, além de tudo, politicamente correta. Os jesuítas e índios fazem o papel de "mocinhos" e os bandeirantes fazem o papel de "bandidos", tal como na maioria dos livros didáticos atuais. Efetivamente, os índios foram as grandes vítimas da colonização da América, ao lado dos escravos negros. Mas o papel da Igreja (sobretudo dos jesuítas) nesse processo de colonização e aculturação até hoje é motivo de debates historiográficos.

- Analise a representação dos três principais agentes da colonização mostrados no filme: jesuítas, indígenas e bandeirantes/colonizadores brancos. Selecione alguns diálogos que exemplifiquem seus valores e suas motivações político-ideológicas e discuta com a classe.

- Como se dá o processo de redenção moral e transformação do personagem interpretado por Robert De Niro, ex-caçador de índios que se torna jesuíta? Para os alunos: pesquisar mais sobre a formação dos membros da Companhia de Jesus.

- Discuta o sentido da frase dita por um colonizador, escravizador de índios, cujos métodos violentos para manter a disciplina de trabalho eram criticados pelo padre jesuíta: "Padre, meus castigos físicos não são nada comparado ao inferno de vocês". Esta atividade pode ser aprofundada dentro do eixo temático do terceiro ciclo do ensino fundamental.

A última ceia

Público-alvo: ensino médio
Área principal: escravismo
Cuidados: nenhum
Roteiro de análise:

> Um dos filmes mais originais sobre a relação senhor-escravo na América Latina colonial, com enfoque completamente diferente do comum (até porque foi produzido na Cuba socialista, pelo cineasta Tómas Gutiérrez Alea). Um senhor de engenho, profundamente católico, resolve encenar a Última Ceia de Cristo na Semana Santa, para incutir valores cristãos em seus escravos negros. Ao longo da ceia vários tipos de escravos vão surgindo: o conformado, o rebelde, o malandro, o velho desencantado, o chefe valente. Os diálogos reproduzem os valores ideológicos que justificavam a escravidão e também mostram as várias formas de resistência e sobrevivência desenvolvidas pelos escravos. O final trágico revela as contradições da classe dominante colonial e a crueldade fria do sistema escravista. Com base nessas questões, o professor pode propor um debate tendo como eixo os seguintes tópicos:

> - Quais os tipos de escravos que surgem ao longo da ceia?
> - Quais os agentes do sistema escravocrata e como eles são representados no filme?
> - Qual o papel da Igreja, representada na figura do padre?
> - Todos os escravos do filme queriam realmente fugir ou se rebelar contra a escravidão?
> - Compare a rebelião do filme com as rebeliões escravas ao longo da história brasileira.

Queimada

Público-alvo: ensino fundamental (8º e 9º anos) e ensino médio

Área principal: independência da América
Cuidados: nenhum
Roteiro de análise:

Este é outro filme clássico para os professores de História, mas infelizmente cada vez mais difícil de ser encontrado. O carismático ator Marlon Brando interpreta um agente inglês que organiza uma revolta contra a Metrópole numa ilha do Caribe. Os problemas se tornam mais complicados quando os escravos querem tomar parte ativa no processo de libertação, não apenas da colônia, mas de si mesmos.

- O filme mescla elementos históricos típicos do processo de independência da América espanhola com o caso singular da independência do Haiti. Organize uma pesquisa sobre os dois casos e compare com os personagens e elementos dramáticos mostrados no filme.

- Qual a real motivação da Inglaterra ao defender a independência da colônia e a libertação dos escravos?

- Como se dá a relação entre o agente inglês e o escravo que se torna líder rebelde?

Rainha Margot

Público-alvo: ensino médio
Área principal: Antigo Regime
Cuidados: Violência extrema e agressão sexual
Roteiro de análise:

Rainha Margot é baseado no folhetim homônimo de Alexandre Dumas. Esse tipo de romance, muito popular no século XIX, se voltava para temas e personagens da Idade Média e do Antigo Regime, porém incutindo na obra a consciência social e individual da sociedade burguesa do século XIX. Este procedimento literário facilitava a identificação dos leitores da época com as situações e os personagens, mas corria o risco de criar personagens anacrônicos. O filme mantém este foco e a rainha Margot mais parece uma mistura de mulher romântica do século XIX com heroína feminista do século XX. De qualquer forma, o filme traz muitos personagens e muitas situações históricas, como a impressionante sequência da "Noite de São Bartolomeu".

- Como são representados os espaços sociais e políticos da corte absolutista no filme (no caso, a França do século XVI)? O professor pode sugerir uma comparação com outros filmes que falam do Absolutismo no século XVI, como *Elizabeth*.

- Como os reis, príncipes e nobres do filme encarnam a chamada Razão de Estado, mesmo tendo que fazer coisas contrárias aos seus sentimentos e suas vontades individuais?

- Pesquisar a Guerra de Religião na França, produto da Reforma protestante, e os temas e personagens correlatos: Henrique de Navarra, os huguenotes e a "Noite de São Bartolomeu". Peça à classe que compare os resultados da pesquisa com a representação fílmica. As guerras religiosas do século XVI têm algum tipo de semelhança com os conflitos político-religiosos atuais?

Danton – o processo da revolução

Público-alvo: ensino fundamental (9º ano) e ensino médio
Área principal: Revolução Francesa
Cuidados: violência
Roteiro de análise:

Mais um filme clássico para o professor de História, também difícil de ser encontrado. De qualquer forma, é um dos melhores filmes para que professores devidamente ligados ao tema e bem preparados para o uso do cinema na sala de aula possam desenvolver suas atividades. O filme se passa durante o chamado "Terror" da Revolução Francesa, sob o governo de Maximilien de Robespierre, entre 1793 e 1794, e nos dá uma versão do processo e execução de Georges

Danton, ex-revolucionário que é tragado pela Revolução, acusado de ser traidor e decapitado. *Danton* tem uma história, por si, curiosa: foi financiado pelo Ministério da Cultura francês, que contratou o consagrado diretor polonês Andrzej Wajda, dissidente político em seu país, para dirigi-la. Mas o que deveria ser uma celebração da história oficial francesa e da sua grande revolução libertária (cultuada pela esquerda socialista francesa, então no poder) terminou em grande polêmica. O próprio presidente da França na época, François Mitterrand, sugeriu que o filme ensinava a História de forma errada e distorcida.

- Os alunos devem prestar especial atenção nos diálogos e discursos do filme, bem como nas várias instituições revolucionárias representadas: o Comitê de Salvação Pública, o Tribunal Revolucionário, os rituais de execução na guilhotina.

- Sabemos que boa parte das análises sobre a Revolução Francesa veiculada nos livros didáticos brasileiros foi construída pela tradição historiográfica de esquerda (socialista e comunista). Faça a classe comparar o(s) capítulo(s) sobre a Revolução com o filme de Wajda e tente descobrir por que os intelectuais, críticos e historiadores filiados à esquerda ortodoxa não gostaram do filme (ensino médio).

- Discuta com a classe qual o sentido da sequência na qual o exuberante Danton (Gérard Depardieu) convida o recatado Robespierre (Wojciech Pszoniak) para jantar e discutir política. Como e por que Danton tenta constranger e humilhar Robespierre?

- Discuta qual o sentido da cena final do filme: um menino, que decorara a Declaração Universal dos Direitos do Homem sob pancadas da irmã mais velha, recitando-a para Robespierre, que, angustiado e exausto, cobre o rosto (ensino fundamental e médio). Articule esse debate com a questão atual dos direitos humanos.

- Duas sequências do filme, que nunca ocorreram na realidade, são bastante reveladoras do verdadeiro alvo das críticas do diretor polonês (que também ajudou a fazer o roteiro): a) a sequência do empastelamento do jornal *Le Vieux Cordelier*, partidário de Danton, ordenada por Robespierre; b) a cena em que Robespierre ordena que o pintor Jacques-Louis David apague um personagem (Fabre D'Églantine, julgado junto com Danton) da tela que representava um fato histórico da Revolução (*O juramento da quadra de tênis*). Mesmo com o contra-argumento do pintor, afirmando que Fabre fizera parte do evento, Robespierre ordena ao pintor que o apague da tela. Tendo em vista estas duas sequências, a quem (ou a qual ideologia específica) o diretor Wajda quis criticar?

Amistad

Público-alvo: ensino fundamental (7º ao 9º anos)
e ensino médio
Área principal: escravismo
Cuidados: nudez
Roteiro de análise:

> Steven Spielberg dispensa apresentações. É um dos diretores mais populares do mundo e responsável, junto com George Lucas (de *Guerra nas estrelas*), pela volta do grande público ao cinema, em meados dos anos 1970, iniciando a era das superproduções *hightech*. Neste filme, Spielberg retoma um fato real, ocorrido no século XIX: depois de ser tomado por um motim de escravos, um navio negreiro cujo destino seria Cuba vai parar na costa norte dos EUA, iniciando uma grande polêmica pública sobre qual deveria ser o destino dos 53 escravos: enviá-los de volta para a África em liberdade? Entregá-los aos comerciantes de escravos? Entregá-los, como pura mercadoria, aos que os encontraram?

- O filme coloca em lados opostos democratas liberais e escravagistas conservadores. O ex-presidente John Quincy Adams (Anthony Hopkins) e o jovem advogado Roger Baldwin (Matthew McConaughey) defendem os africanos. Martin Van Buren (Nigel Hawthorne), então presidente dos EUA, quer agradar os sulistas escravo-cratas e evitar conflitos com a Espanha, por isso tende a condenar os escravos e entregá-los à Rainha Isabel II. Todos realmente existiram. Os alunos devem pesquisar sobre eles e tentar descobrir se aquilo que é mostrado no filme corresponde à história real e o papel desses personagens na história.

- Analise, junto com a classe, a figura do militante negro Theodore Joadson (interpretado pelo ator Morgan Freeman) e seu papel no filme. É o único personagem que não existiu realmente.

- Quando o escravo Cinque conta sua história desde quando vivia na África, o filme mostra em *flashback* a terrível experiência da captura, do cativeiro e da travessia do Atlântico nos navios negreiros. Compare esta sequência com a iconografia e com outras narrativas a respeito (por exemplo, o poema "Navio Negreiro" de Castro Alves).

- Os alunos devem analisar o discurso final do advogado de defesa dos negros (o ex-presidente John Quincy Adams). Devem também relacioná-lo com um evento central na história americana do século XIX (Guerra da Secessão).

- A Marinha Real inglesa é mostrada no filme como uma espécie de "força de libertação dos escravos". Discuta com os alunos essa representação ideológica e proponha uma comparação com a atual posição militar dos EUA no mundo pós-Guerra Fria.

A lista de Schindler

Público-alvo: ensino médio
Área principal: nazismo/Segunda Guerra Mundial
Cuidados: violência
Roteiro de análise:

> Outro sucesso de Spielberg, cineasta pouco apreciado pela crítica e por cinéfilos mais exigentes, porém muito importante para o ensino de História, na medida em que parte dos seus filmes retrata eventos reais sob um olhar ideológico excessivamente pró-americano e marcadamente liberal. Além disso, seus filmes, mesmo quando retratam grandes tragédias coletivas, articulam muito bem os efeitos dramáticos, buscando equilibrar o jogo de tensão e repouso do espectador, evitando mensagens totalmente pessimistas e niilistas. Esse recurso está presente em *A lista de Schindler*, baseado em fatos reais protagonizados pelo industrial alemão Oskar Schindler que, a título de requisitar trabalhadores para as suas empresas, salvou centenas de judeus da morte nos campos de concentração nazistas, durante a Segunda Guerra Mundial.

- Com base na relação do personagem-título com o Partido Nazista, analise o papel dos capitalistas na ascensão de Adolf Hitler.

A batalha de Argel

Público-alvo: ensino médio
Área principal: descolonização/independência
Cuidados: violência
Roteiro de análise:

> Obra-prima do cinema politizado dos anos 1960, sem exageros didáticos ou visões muito parciais do processo histórico. O diretor esquerdista italiano Gillo Pontecorvo (o mesmo de *Queimada*) conseguiu fazer um filme ultrarrealista (quase um

documentário) sem abrir mão da emoção e aventura. O filme se passa em Argel, capital da Argélia, então colônia francesa, durante o processo de revolta contra a dominação europeia, no final dos anos 1950. A luta da polícia e dos paraquedistas franceses contra os guerrilheiros da Frente de Libertação Nacional é contada sem prejulgar as partes em conflito ou veicular visões moralistas (em que pese a preferência do diretor pela causa argelina). Neste sentido, *A batalha de Argel* é um bom exercício para os alunos aprenderem a ter uma visão engajada (porém objetiva) dos processos históricos, sem as explicações e soluções dramáticas moralistas ou superficiais típicas do cinema hegemônico americano, que divide o mundo e a História em "mocinhos" e "bandidos".

- Conforme o filme, como se deu a construção da Frente de Libertação Nacional? Como ela conseguiu ser representativa do povo argelino? Compare com as guerrilhas religiosas fundamentalistas atuais (a própria Argélia é base de operações de um dos grupos mais conhecidos desse tipo) e estabeleça as diferenças.

- Há uma sequência em que uma guerrilheira argelina coloca uma bomba numa danceteria francesa, e outra em que um grupo de policiais franceses coloca clandestinamente uma bomba numa casa em Casbah (o bairro popular). Analise as cenas junto com a classe e procure interpretar como o diretor se posiciona diante da violência política.

- Analise a figura do coronel Mathieu, responsável pela repressão contra a FLN. Ele é um vilão clássico do cinema? Selecione alguns diálogos nos quais ele se posiciona em relação ao problema da Argélia colonial.

Como era gostoso meu francês

Público-alvo: ensino médio
Área principal: Brasil colônia
Cuidados: nudez

Roteiro de análise:

> Nelson Pereira dos Santos retoma a incrível história de Hans Staden entre os tupinambás do Brasil, que quase o devoraram num ritual antropofágico, para discutir as contradições da cultura brasileira. Como sabemos, o ritual antropofágico visava incorporar a força do inimigo capturado em batalha, devorando-o. Em vez do alemão Staden, Santos cria um personagem francês, metáfora da nossa dependência cultural e política do Primeiro Mundo. No final do filme, ao contrário do que aconteceu na vida real, o estrangeiro é devorado, mas fica a dúvida: quem ficou mais fraco, quem ficou mais forte? A cultura brasileira ou a do Primeiro Mundo?

- Comparar este filme com o livro escrito por Hans Staden.

- O filme não apenas discute uma situação da época colonial, mas faz uma série de alusões ao momento político brasileiro do início dos anos 1970 (ditadura militar, aumento da dependência econômica em relação ao exterior, guerrilha de esquerda). Peça à classe que identifique essas passagens, depois de uma pesquisa sobre a época.

- Compare a versão de Nelson Pereira dos Santos com o filme *Hans Staden*, feito no final dos anos 1990. O mesmo fato histórico (a saga de Staden cativo entre os índios brasileiros) foi filmado de maneira e sentido diferentes. Divida a classe em grupos com a tarefa de relacionar cada filme aos seus respectivos contextos históricos (anos 1970 e anos 1990). Para tal, enfatize a construção diferenciada do personagem e sua relação com os índios.

Sugestão de leitura (e texto de apoio para atividade): MORETTIN, Eduardo V. 'Hans Staden: entre o indivíduo e a História'. São Paulo: *Sinopse*, 5 (2000), p. 52-53.

Os inconfidentes

Público-alvo: ensino médio
Área principal: Inconfidência Mineira

Cuidados: Linguagem sofisticada
Roteiro de análise:

Os inconfidentes não é um filme fácil de ser trabalhado nas escolas, sobretudo para o ensino fundamental. É um filme com narrativa sofisticada e cheia de alegorias, mais apoiado no texto que na ação. Apesar disso, é um dos filmes com tema histórico mais instigantes e inteligentes já feitos. Realizado num momento político muito adverso – o auge da ditadura militar brasileira –, o diretor Joaquim Pedro de Andrade conseguiu não apenas desconstruir os mitos da história oficial, como também aludir, indiretamente, à situação da esquerda derrotada na luta armada. Tanto os inconfidentes quanto a esquerda dos anos 1960 teriam, segundo o diretor, cometido o mesmo erro: tentar fazer uma revolução sem o povo. Tanto é assim que o filme passa direto da conspiração para a repressão, sem mostrar nenhum tipo de levante ou rebelião efetivos. O mais interessante é que Joaquim Pedra de Andrade coloca trechos de obras poéticas na forma de diálogos ("Romanceiro da Inconfidência", de Cecília Meireles e poemas de Tomás Antônio Gonzaga e Cláudio Manoel da Costa), bem como documentos históricos (como os "Autos da Devassa" e a "Sentença de morte" de Tiradentes).

- Pesquise nas obras e nos documentos mencionados e localize os diálogos e as sequências do filme nos quais eles são citados.

- Analise a cena da conspiração, na qual os inconfidentes imaginam como será a rebelião e o novo governo independente de Portugal.

- Discuta com a classe qual o sentido histórico da sequência final que mescla um filme oficial da comemoração do Dia de Tiradentes com um pedaço de carne sendo partido por um machado.

Sugestão de leitura: RAMOS, Alcides Freire. *Canibalismo dos fracos. Cinema e História do Brasil.* Bauru: Edusc, 2002; MORETTIN,

Eduardo V. 'A inconfidência mineira vista pelo cinema' In: *Roteiro de leitura: "Romanceiro da Inconfidência", de Cecília Meireles.* São Paulo: Ed. Ática, 1998, p. 7.

Carlota Joaquina

Público-alvo: ensino fundamental e ensino médio
Área principal: Brasil: período joanino
Cuidados: nudez, linguagem agressiva e sexualidade moderada
Roteiro de análise:

> O filme *Carlota Joaquina*, grande sucesso de meados dos anos 1990, tem sido muito exibido nas salas de aula. Em alguns casos, os professores se utilizam desta obra para tentar mostrar os "verdadeiros" bastidores do poder no período que antecedeu a Independência, em 1822. A própria diretora, Carla Camurati, em várias entrevistas por ocasião do lançamento do filme, insistiu na pesquisa histórica acurada que o embasava. No entanto, este filme tem causado certa polêmica entre especialistas de história do Brasil na medida em que a transforma em farsa e apresenta alguns preconceitos e anacronismos, confundindo deboche com senso crítico e entrando em conflito com filmes históricos.

- Discuta com a classe por que a diretora e o roteirista fizeram dos personagens narrador e criança escoceses para contar a história do Brasil. (Dica: em entrevista a um jornal italiano, quando indagada sobre os estranhos personagens, Carla Camurati afirmou que era uma metáfora da relação do povo brasileiro com sua própria história, uma relação distante e ao mesmo tempo imaginativa, tal qual uma criança com os contos de fada.)

- Como é o Brasil representado no filme? Como se estruturava a sociedade brasileira da época?

- Discuta a figura de D. João VI e suas ações político-administrativas ao longo do filme, bem como a representação de Pedro, seu filho (futuro Pedro I). Perceba como os alunos tendem a assimilar o significado histórico desses personagens e suas ações.

Independência ou morte

Público-alvo: ensino fundamental e ensino médio
Área principal: Independência
Cuidados: nudez
Roteiro de análise:

> Obra representativa de uma tentativa de cristalizar um gênero de filme histórico oficial, voltado para o grande público, estimulado (financeiramente até mesmo) pelo regime militar nos anos 1970. Este tipo de receita cinematográfica incluía atores televisivos, narrativa linear, versões historiográficas oficiais e grande aparato de produção (cenários e figurinos caros, milhares de figurantes). Outros filmes similares da mesma época: a *Batalha dos Guararapes* e *O caçador de esmeraldas* (sobre o bandeirante Fernão Dias Paes).

- Relacione este filme com o discurso nacionalista e ufanista do regime militar, sobretudo no governo do general Médici (1969/1974).

Mauá – o imperador e o rei

Público-alvo: ensino fundamental e ensino médio
Área principal: Império
Cuidados: nenhum
Roteiro de análise:

> Irineu Evangelista de Souza, o Barão de Mauá, foi o maior empresário capitalista brasileiro do século XIX, similar ao chamado "empreendedor" atual. Considerado uma espécie de capitalista moderno num país de economia escravocrata arcaica, o papel histórico de Mauá e sua relação com o Estado imperial brasileiro sempre foram objeto de discussões entre os pesquisadores. Nessa versão, baseada no livro de

Jorge Caldeira (*Mauá, o empresário do Império*. São Paulo: Companhia das Letras, 1994), Mauá é apresentado como figura progressista, liberal, "adiante de sua época", enquanto a elite imperial e o próprio Imperador funcionam como antagonistas, fazendo de tudo para manter os privilégios de uma classe dominante que apostava no atraso social, político e econômico.

- Com base nos elementos mostrados no filme, explore a relação de Mauá com o capitalismo inglês e com o Estado brasileiro.

- Por que os projetos econômicos de Mauá não encontraram solo fértil no Brasil? Você concorda com as explicações fornecidas pelo filme?

- Analise o personagem Visconde de Feitosa (Othon Bastos), inimigo de Mauá, que defendia a "vocação agrícola" da economia brasileira.

O país dos tenentes

Público-alvo: ensino fundamental (8º e 9º anos)
e ensino médio
Área principal: História – Tenentismo
Cuidados: nenhum
Roteiro de análise:

Filme que mistura o passado e o presente, valendo-se das lembranças de um velho militar que participou dos grandes acontecimentos da história política brasileira, entre 1922 (Tenentismo) e 1964 (golpe militar). Suas lembranças, culpas e utopias perdidas funcionam como síntese das contradições dos projetos políticos, à esquerda e à direita, que se digladiaram ao longo daquele período. Para o ensino fundamental, sugerimos que o professor selecione algumas sequências, já que é um filme com linguagem difícil para alunos menores. Para o ensino médio, as atividades podem enfocar quais fatos e personagens são representados e como o diretor os explica pela historiografia.

O homem da capa preta

Público-alvo: ensino fundamental (9º ano) e ensino médio
Área principal: democracia populista
Cuidados: violência
Roteiro de análise:

Sérgio Rezende é um diretor brasileiro que se debruçou sobre personalidades históricas polêmicas (são dele os filmes *Mauá* e *Lamarca*, sugeridos neste livro). Entre os personagens mais polêmicos levados à tela pelo diretor está o deputado Tenório Cavalcanti, figura famosa nos anos 1940 e 1950, que costumava ir às sessões da Assembleia Estadual com sua metralhadora de estimação, chamada carinhosamente *Lurdinha*. Rezende tenta mostrar, pela trajetória de Cavalcanti (em narrativa cheia de ação e suspense, quase à maneira de um filme policial), as contradições da chamada "democracia populista" que vigorou no Brasil entre 1946 e 1964.

- O filme retrata Cavalcanti como político idealista (apesar de sua falta de decoro parlamentar) ou como demagogo? Discuta o conceito de "decoro parlamentar" com a classe e o papel das várias instâncias legislativas (Câmara dos Vereadores, Assembleia Estadual e Congresso Nacional).

- Como o filme explica a aproximação de Cavalcanti com setores de esquerda (representados pelo jornalista e pelo sindicalista)?

- Quais os partidos e grupos ideológicos representados no filme? Qual o papel de cada um na história (filme) e na História (real)?

Lamarca

Público-alvo: ensino fundamental (9º ano) e ensino médio
Área principal: regime militar/guerrilha
Cuidados: violência moderada
Roteiro de análise:

> Ao lado de Carlos Marighella, o capitão Carlos Lamarca foi um dos principais líderes guerrilheiros durante o período da luta armada (1967-1973), durante o qual diversos grupos de esquerda tentaram combater o regime militar pela via da guerrilha urbana e rural. Lamarca atuou na guerrilha entre 1969 e 1971, quando morreu no interior da Bahia, perseguido pelas forças do regime. A esquerda brasileira o considera herói, guerrilheiro exemplar, enquanto o Exército Brasileiro o considera, até hoje, traidor e desertor, dois dos piores crimes militares.

- Como o filme se posiciona em relação à figura de Lamarca?

- Quais as agremiações políticas de esquerda citadas no filme? Analise com a classe a organização interna desses grupos.

- O personagem do policial Flores faz alusão a um famoso delegado, muito atuante no regime militar, acusado publicamente de ser um cruel torturador. Quem seria esse personagem?

- Por que a guerrilha no Brasil não saiu vitoriosa, conforme o ponto de vista do filme? Compare com as análises historiográficas disponíveis sobre o assunto e proponha um debate.

Sugestão de leitura: REIS FILHO, Daniel A. *A revolução faltou ao encontro*. São Paulo: Brasiliense, 1990; RIDENTI, Marcelo. *O fantasma da revolução brasileira*. São Paulo: Unesp, 1995.

O que é isso, companheiro?

Público-alvo: ensino fundamental (7º ao 9º anos) e ensino médio

Área principal: regime militar/guerrilha
Cuidados: violência
Roteiro de análise:

Mais um filme sobre a época do regime militar. Baseado na história real do sequestro do embaixador americano Charles Elbrick, no Rio de Janeiro, em setembro de 1969, por um grupo guerrilheiro formado em sua maior parte por estudantes simpatizantes da esquerda. O filme tem ritmo de aventura e drama e tenta mostrar os aspectos psicológicos e os conflitos interpessoais que surgem nos momentos de tensão que envolvem uma ação política dessas proporções. A esquerda brasileira, principalmente aqueles que viveram a luta armada, não gostaram do filme, sobretudo por "humanizar" a figura do torturador (interpretado por Marcos Ricca) e tornar um dos guerrilheiros (Jonas, interpretado por Matheus Nachtergaele) uma espécie de "bandido" fanático, ansioso por matar o refém ilustre. Para irritar ainda mais, a narrativa é toda construída sob a óptica do embaixador americano, sempre compreensivo, gerando grande empatia com o público. Resultado: muitos debates para execrar o filme e um processo judicial contra o roteirista, movido pela família do guerrilheiro "Jonas" (na verdade, Virgilio Gomes da Silva, morto sob tortura dentro da prisão militar). Apesar disso, o filme agradou os mais jovens e menos comprometidos com a história vivida, mais dispostos a se divertir com um filme de ação. Até porque, no fundo, é um filme tipicamente americano que, eventualmente, fala da história do Brasil.

- Quais as duas organizações de esquerda citadas no filme? Pesquisar um pouco mais sobre elas.

- No filme, o grupo guerrilheiro é composto por um punhado de jovens estudantes, um operário e um velho militante comunista. Identifique cada um deles e analise seus comportamentos, valores políticos, morais e sua função na história.

- Discuta com a classe a plausibilidade de um torturador profissional, a serviço do Estado, experimentar crises de consciência e certa culpa pelo que fez. Discuta com os alunos as implicações éticas, políticas e morais do uso da tortura contra prisioneiros (políticos e comuns) a título de defender a ordem.

Sugestão de leitura: GABEIRA, Fernando. *O que é isso, companheiro?* São Paulo: Companhia das Letras; (vários autores). *Versões e ficções: O sequestro da história.* São Paulo: Editora Fundação Perseu Abramo, 1997.

CIÊNCIAS HUMANAS: GEOGRAFIA

Montanhas da lua

Público-alvo: ensino fundamental (7º ao 9º anos)
e ensino médio
Área principal: Colonização/Descobrimentos
Cuidados: nudez
Roteiro de análise:

> *Montanhas da Lua* é um filme de aventura baseado em fatos reais: a lendária expedição de Richard Burton e Speke ao coração da África, em busca das nascentes do rio Nilo. O filme retrata não apenas as aventuras e desventuras dos dois exploradores britânicos e seus seguidores, mas também inúmeras culturas e inúmeros povos africanos, além da sociedade inglesa da segunda metade do século XIX. Vários temas de História e Geografia, em especial, podem ser tratados com base neste filme, entre os quais destacamos:

- Qual a motivação dos personagens principais (Burton e Speke) na busca da nascente do rio Nilo? É uma motivação puramente científica ou existe algum outro interesse que o filme sugere?

- Como é a relação dos dois ingleses com os nativos?

- Como é o encontro entre Richard Burton e David Livingstone? Pesquisar mais sobre este último e sobre o papel dos exploradores no imaginário imperialista europeu do século XIX.

- Reflita sobre o encontro do que restou da expedição com a tribo africana, ainda desconhecida. Qual a função do cerimonial na visita oficial ao príncipe e como ele se desenvolve?

- Analise o discurso de Burton na Real Sociedade Geográfica. Com base nele explore com a classe como era a linguagem e as regras científicas da época.

Sugestão de leitura: RICE, Edward. *Sir Richard Francis Burton.* São Paulo: Companhia das Letras, 1991.

A Costa do mosquito

Público-alvo: ensino médio
Área principal: meio ambiente
Cuidados: violência moderada
Roteiro de análise:

> *A Costa do mosquito* é um drama bastante diferente, pois evita os lugares-comuns do gênero. O filme mostra a vida de um americano comum, que, revoltado com a sociedade de consumo que o cerca, resolve partir com sua família para um lugar distante e pobre chamado Costa do mosquito. Chegando aí, ele tenta conciliar sua capacidade de iniciativa e vontade de ajudar as pessoas fundando uma fábrica de gelo. Os desdobramentos posteriores é que são surpreendentes e terríveis, não só para ele e sua família, mas para a comunidade local como um todo.

- Onde fica a Costa do mosquito? Proponha uma pesquisa sobre o lugar e tente analisar se o filme foi fiel na sua representação geográfica e sociológica.

- Por que o personagem principal resolve ir embora da sua cidade natal, no interior dos EUA? Qual sua motivação principal?

- Como é a relação do personagem principal com a comunidade local e com o meio ambiente da região que ele pretende ajudar?

- Por que ele tem verdadeira obsessão em fabricar gelo naquele lugar? Qual o conceito de progresso que o filme discute e defende, por meio do seu personagem principal?

- Como são representados os guerrilheiros que, em determinado momento, aparecem no filme? Juntamente com os alunos, reflita sobre isso.

- Por que e como os seus planos iniciais, cheios de boas intenções, dão errado?

Pão e rosas

Público-alvo: ensino fundamental (8º e 9º anos) e ensino médio
Área principal: imigração/trabalho
Cuidados: linguagem agressiva
Roteiro de análise:

> *Pão e rosas* é um filme dirigido pelo diretor inglês Ken Loach, que ficou conhecido dirigindo filmes críticos e engajados sobre a crise social das sociedades ocidentais no mundo globalizado e pós-industrial. Neste filme ele se volta para a saga dos trabalhadores ilegais mexicanos, sintetizados na trajetória de duas irmãs, que lutam para conseguir trabalho e qualidade de vida nos EUA, enfrentando inúmeros preconceitos e dificuldades.

- Como a personagem principal consegue chegar aos EUA? Pense nas desventuras mostradas na sequência inicial do filme e compare com casos reais registrados pela imprensa.

- Qual o tipo de trabalho que ela consegue e como são mostradas as relações de trabalho (entre colegas, entre o chefe e os funcionários, entre o chefe e a direção da empresa)?

- Qual o objetivo do sindicalista que tenta organizar os trabalhadores? Seus objetivos são os mesmos dos dirigentes do sindicato?

- Qual a principal reivindicação dos trabalhadores mostrados no filme e quais as dificuldades que eles enfrentam para consegui-la?

- Analise a cena do diálogo entre as duas irmãs, quando a irmã mais nova cobra maior consciência da mais velha, imigrante há mais tempo nos EUA. Analise com a classe o conjunto de argumentos que as duas apresentam para convencer a interlocutora.

- Proponha uma comparação entre os personagens e as situações mostradas no filme com casos semelhantes que você conhece, tanto de brasileiros que emigraram para os EUA como de brasileiros pobres que mudam da sua cidade ou região em busca de trabalho e qualidade de vida, dentro do próprio Brasil.

O gato sumiu

Público-alvo: ensino médio
Área principal: urbanização/pluralidade cultural
Cuidados: sexualidade moderada
Roteiro de análise:

As cidades modernas estão cada vez mais submetidas às mudanças urbanas causadas pela especulação imobiliária, causando consequências diversas: o abandono das regiões centrais, a demolição de casas e monumentos, a divisão rígida dos bairros conforme nível socioeconômico e étnico. Todas estas situações inspiraram o filme *O gato sumiu*, que se passa no bairro da Bastilha (e arredores), em Paris. O filme é uma comédia aparentemente despretensiosa, cujo eixo dramático é a busca de uma jovem solitária (Cloé) pelo seu gato de estimação, que subitamente desaparece da casa de uma vizinha encarregada de hospedá-lo. Apesar disso, o filme possibilita ao professor mais atento discutir muitos temas ligados à vida urbana moderna.

- Comparar a cidade de Paris representada no filme com o que você conhece ou ouviu falar sobre ela (ruas, prédios e monumentos mais famosos). Discuta sobre as diferenças de representação possíveis de uma mesma cidade.

- O bairro mostrado no filme é caracterizado por uma ocupação populacional homogênea? As pessoas mostradas no filme têm o mesmo nível social e cultural? Pertencem à mesma etnia ou subcultura – "tribo" – urbana? Tente identificar os vários tipos humanos e grupos sociais que aparecem, suas características, relações que estabelecem entre si e proponha uma atividade comparativa com a cidade onde os alunos vivem.

- Analise a memória dos personagens mais velhos, a começar com a Sra. Renée, e relacione com as transformações urbanas motivadas pela especulação imobiliária.

- Identifique o imigrante Djamel e tente saber de qual região ou país ele veio. Como é a relação de Cloé, personagem principal do filme, com o imigrante? Por que ele deseja tanto ajudar a jovem a achar seu gato, além do fato de estar atraído por ela?

Marvada carne

Público-alvo: ensino fundamental e ensino médio
Área principal: pluralidade cultural
Cuidados: nenhum
Roteiro de análise:

Marvada carne é uma comédia que aborda um tema bastante sério, de forma humana e sensível: a cultura caipira do sudeste brasileiro, suas sociabilidades e seus costumes, sem cair na caricatura. O eixo da história são as artimanhas de uma jovem menina, Nhá Carula, para conseguir marido. Certo dia, chega ao arraial um forasteiro, Nhô Quim, cujo maior sonho era comer carne de boi. Ele acaba sendo escolhido pela menina, que, espertamente, faz correr o boato que seu pai guardava um boi para ser assado no dia do casamento. A partir daí começam as peripécias e artimanhas de ambos os lados, com muitas situações engraçadas e inusitadas. Sem o espectador perceber, está tendo uma verdadeira aula sobre a cultura caipira. Aliás, o filme foi fruto de uma grande pesquisa, que incluiu textos de Antonio Candido e Cornélio Pires e quadros de Almeida Jr. Aliás, o professor pode incorporar esses textos e essas imagens em suas aulas, ressaltando a intertextualidade presente no filme e propor as seguintes atividades:

- Pesquisar sobre a cultura caipira do sul/sudeste do Brasil (organização social, costumes, tipos, representações e conceitos relacionados).

- O filme retrata diversas lendas folclóricas da cultura caipira. Peça aos alunos que as identifique e pesquise sobre cada uma. Retome o filme e veja como essas lendas são representadas.

- O filme representa quatro tipos de espaço social: o ermo, o arraial, a cidadezinha e a metrópole. Grupos de alunos podem analisar como o filme representa cada um deles (casas, ruas, espaços comunitários etc.) e como os personagens se inserem nesses espaços.

- Comparar o tipo de "interior" que o filme representa com a vida moderna de muitas cidades do "interior" do Sudeste e Sul. Pense nas semelhanças e diferenças encontradas.

- Peça aos alunos que conversem com pessoas que nasceram ou se criaram nas regiões e no tipo de cultura que o filme retrata.

- Como é apresentada a questão das crenças e da religiosidade? Proponha um debate a respeito.

- Refletir sobre o papel da cultura oral no filme (casos, lendas, boatos, memória coletiva).

- Analise a cena final (o churrasco numa casa de periferia em São Paulo) e a letra da música que a acompanha ("Sonora Garoa", de Passoca). Articule os dois registros e pense qual o sentido desta sequência em relação aos valores e às mensagens transmitidas ao longo do filme.

Sugestão de leitura: CANDIDO, Antonio. *Parceiros do Rio Bonito*. São Paulo: Editora 34, 2001. (Sugerimos ao professor selecionar alguns trechos, pois se trata de um livro bastante denso para o público-alvo da atividade.)

Central do Brasil

Público-alvo: ensino fundamental e ensino médio
Área principal: geografia brasileira
Cuidados: violência contra crianças
Roteiro de análise:

Central do Brasil dispensa maiores apresentações. Este filme foi um dos maiores sucessos de público e crítica dos anos 1990, não só no Brasil. O filme retrata a trajetória de Dora e Josué, ela uma mulher de meia idade desiludida e amoral, ele um órfão à procura do pai, possivelmente morador do interior do nordeste brasileiro. Ao viajarem em busca do pai do menino, Dora e Josué desenvolvem um afeto recíproco e, ao mesmo tempo, o espectador, junto com os personagens, redescobre o "Brasil profundo".

- Como o Brasil e os brasileiros do meio urbano e do rural são representados?

- O filme aborda graves problemas sociais, como o extermínio de menores infratores e o tráfico de órgãos humanos. Solicite uma pesquisa sobre esses problemas e discuta a abordagem do filme (ensino médio).

- Analise a sequência na qual Dora desmaia em meio à multidão de fiéis, numa procissão, no interior do Nordeste. Como os alunos entendem esta sequência e qual a função dela no filme como um todo?

- Quais as várias representações de família e nação ao longo do filme? Como os dois conceitos se articulam (ensino médio)?

Ilha das flores

Público-alvo: ensino fundamental (9º ano) e ensino médio
Área principal: ética/meio ambiente (também áreas de Biologia, Química e Física)
Cuidados: linguagem sofisticada

Roteiro de análise:

Ilha das flores é um curta-metragem brasileiro, produzido no final dos anos 1980 que consegue, em cerca de quinze minutos, discutir problemas socioeconômicos e socioambientais. O filme se constrói por meio de linguagem ágil e didática, embora pela rapidez com que os planos e as sequências se sucedem (bem como pela dificuldade de vocabulário que forma o texto do locutor) sua assimilação possa ser um pouco difícil para faixas etárias menores. Talvez seja necessário mais de uma assistência para compreender as questões e articulações propostas pelo filme.

- O filme reitera uma frase para conceituar a humanidade: "o ser humano é caracterizado como tendo 'polegar opositor' e 'tele-encéfalo altamente desenvolvido'." Discuta com a classe essa caracterização e procure comparar com outros atributos da humanidade (Biologia).

- Através dos circuitos sociais percorridos pelo tomate (produto "protagonista" do filme), da plantação ao lixo, procure discutir com a classe: o papel dos meios de troca mostrados no filme (dinheiro); os grupos e indivíduos envolvidos no ciclo de realização social do produto; o problema do lixo nas sociedades modernas, sobretudo nas grandes cidades (ética, geografia, meio ambiente).

- O filme faz referência a medidas de tempo (minuto, segundo), elementos químicos (césio) e estruturas microfísicas (átomo). Pense nas definições apresentadas e nas situações sociais e históricas relacionadas (Química, Física).

- Analise a frase final do filme: "A diferença entre os seres humanos sem dinheiro e os porcos do dono é que os primeiros têm liberdade. Liberdade: essa palavra que o sonho humano alimenta e que não há ninguém que explique e ninguém que não entenda". A partir desta frase, discuta o seguinte: qual o sentido que a palavra liberdade adquire no contexto social mostrado no filme? De qual poema foi retirada essa definição da palavra liberdade?

CIÊNCIAS DA NATUREZA: BIOLOGIA

A guerra do fogo

Público-alvo: ensino fundamental e ensino médio
Área principal: evolução
Cuidados: sexo violento
Roteiro de analise:

> *A guerra do fogo* é um filme que mescla documentário e ficção, conseguindo um resultado muito interessante e especialmente útil para atividades em sala de aula. Uma cena que costuma provocar certa polêmica entre educadores conservadores é a de cópula entre o casal pré-histórico, exigindo certo cuidado do professor para evitar maiores problemas com os pais ou com a direção. O mote do filme se desenvolve a partir do convívio de duas espécies de homens – *neandertais* e *sapiens* – e os conflitos gerados pela posse do fogo, acidentalmente descoberto.

- Qual a importância do fogo para a humanidade e seu processo civilizador? Como o filme retrata esta importância?

- Quais as diferenças entre os dois grupos humanos?

- Como se dá a relação dos homens entre si e com a natureza que os cerca?

- Qual o sentido da cena final, quando o casal levanta a cabeça e olha o céu?

O parque dos dinossauros – Jurassic Park

Público-alvo: ensino fundamental
Área principal: genética/evolução
Cuidados: violência sugerida
Roteiro de análise:

> O famoso filme de Steven Spielberg parte da teoria de que seria possível reconstruir, em laboratório, pela engenharia

genética, os velhos e extintos dinossauros. Um empresário ousado consegue então montar um parque temático, o Parque dos Dinossauros, numa ilha isolada. Toda a fauna jurássica está lá: tiranossauro rex, velocirraptores, pterodáctilos, brontossauros e toda a turma. Mas, é claro, o sistema de segurança não funciona como previsto, dando início a uma movimentada aventura. No meio de toda a correria, com os bichos predadores tentando caçar os humanos, o professor pode discutir alguns temas interessantes.

- Como o filme explica a possibilidade de reconstituir animais extintos há milhões de anos? As teorias do campo da genética confirmam, ainda que remotamente, tal possibilidade?

- Qual a explicação veiculada no filme para a extinção dos dinossauros?

- Numa das primeiras sequências do filme, um dos cientistas (Jeff Goldblum), bastante cético em relação à pretensão do homem "brincar de ser Deus", diz que "não se pode prever a evolução de sistemas complexos", fazendo alusão à Teoria do Caos. Discuta essa frase, a teoria na qual se apoia e seu contexto fílmico (ensino médio ou último ano do ensino fundamental).

- Discuta com a classe o que aconteceria com o meio ambiente se os predadores pré-históricos escapassem da ilha na qual se localiza o Parque dos dinossauros.

Gátaca, experiência genética

Público-alvo: transição (9º ano do ensino fundamental
e 1º ano do ensino médio)
Área principal: genética
Cuidados: violência e sexualidade moderada
Roteiro de análise:

Este filme se passa num futuro no qual a engenharia genética tomou conta da sociedade. Embriões fertilizados e geneticamente manipulados para ser os mais fortes, inteligentes, saudáveis e belos são uma espécie de "casta" superior da humanidade. As crianças nascidas do modo normal são tratadas como cidadãos de segunda categoria, relegadas a trabalhos inferiores. O protagonista central, Vincent, não se conforma com essa situação e quer se tornar astronauta, profissão reservada aos geneticamente fabricados. O filme aborda questões de ordem ética implicadas na manipulação genética de seres humanos, e pode gerar um bom debate sobre as atuais experiências de clonagem.

- Analise com a classe as implicações éticas, psicológicas e sociais das experiências genéticas com seres humanos, com base nas questões sugeridas pelo filme.

Blade Runner – o caçador de androides

Público-alvo: ensino médio
Área principal: genética
Cuidados: nudez e violência
Roteiro de análise:

Blade Runner – o caçador de androides tornou-se um *cult movie* desde quando foi lançado, em 1982. O filme, além de possuir exuberância de cenários, efeitos e figurinos, tem roteiro bem estruturado e personagens marcantes, em sua melancolia futurista. Na verdade, a Los Angeles de 2029 pode ser qualquer grande metrópole contemporânea, com sua mistura de velho e novo, riqueza e miséria, ciência e barbárie. Além da aventura óbvia – um policial deve exterminar seres geneticamente construídos, chamados "replicantes" – o filme aborda questões mais profundas como a relação entre criador e criatura (Deus e os homens?), sentido da vida, memória e experiências no processo de subjetivação, ética e sentimento de humanidade. Além das áreas acima citadas, o filme pode suscitar muitas outras questões voltadas para o ensino de várias disciplinas e vários temas.

- Como é representada a metrópole (pós-) moderna? Compare com as metrópoles (brasileiras e estrangeiras) que você conhece ou de que já ouviu falar.

- Qual o papel social da Tyrrel Co., empresa que fabricava os replicantes? Para que eram fabricados?

- Por que os replicantes tinham necessidade de memória pessoal e estavam em busca de um passado para as suas vidas?

- Estamos assistindo atualmente à discussão sobre a clonagem humana. Compare com as questões éticas, morais e científicas que o filme invoca e organize uma discussão em sala de aula.

Twister

Público-alvo: ensino fundamental
Área principal: climatologia
(também áreas de Física e Geografia)
Cuidados: nenhum
Roteiro de análise:

O Meio-Oeste dos EUA é uma região particularmente afetada por ventos rápidos e destruidores, que podem chegar até 800 km/h. Com o tempo, muitos cientistas e técnicos se tornaram especialistas nesses ventos – os tornados – e são conhecidos popularmente como "caça-tornados". *Twister* retrata um desses grupos, que busca conhecer o mecanismo natural e se antecipar aos ventos. O filme tem boas sequências de ação e aventura, além de permitir discussão sobre o fenômeno natural dos ventos – o ar em movimento – na sua forma mais radical.

- Qual a explicação que o filme veicula para a formação dos tornados? Por que eles ocorrem principalmente naquela região?

- Como os cientistas tentam rastrear e conhecer a estrutura e trajetória de um tornado? Como funciona a máquina inventada para ser colocada no meio do tornado?

- Como se explica, fisicamente, que um objeto grande e pesado, como um caminhão ou uma vaca, possa ser levantado e arrastado pelo ar durante um tornado?

O homem sem sombra

Público-alvo: ensino fundamental
Área principal: anatomia
Cuidados: sexualidade agressiva (sugerida) e violência
Roteiro de análise:

> *O homem sem sombra* transporta para o cinema o clima das histórias em quadrinhos, só que voltado para público adulto. O filme conta a história de uma experiência secreta, coordenada pelo governo americano, que visa desenvolver uma fórmula para tornar as pessoas invisíveis (com óbvios fins militares). O jovem líder dos cientistas, egocêntrico e ambicioso, resolve testar a fórmula, ainda imperfeita, em si mesmo. A partir daí começam as dificuldades, com a experiência abalando não apenas o seu corpo, mas em especial a sua mente.

- Já dissemos que se trata de experiência científica com fins militares. Discuta a relação entre ciência e indústria bélica e suas implicações na vida moderna.

- A sequência da desmaterialização do corpo do cientista é particularmente interessante para ilustrar, com bastante impacto, a anatomia humana. Nela, por meio de efeitos especiais, são mostrados os tecidos, o sistema nervoso, o sistema circulatório, os órgãos internos e o esqueleto. Explore esta e outras sequências similares, a título de ilustração animada do corpo humano e animal.

Instinto

Público-alvo: ensino fundamental e ensino médio
Área principal: evolução
Cuidados: violência sugerida
Roteiro de análise:

> Um cientista se envolve tanto com o seu objeto de pesquisa, os gorilas africanos, que passa a fazer parte deles, enlouquecendo e se tornando violento quando caçadores matam a maior parte dos animais. Na prisão, ele deve ser submetido a um diagnóstico judicial por parte de um jovem psicólogo, competente e ambicioso. O contato entre os dois acaba por provocar uma crise existencial (e epistemológica) no psicólogo, que acaba se convencendo de que a insanidade está na verdade mais próxima da civilização, que se julga perfeita e normal. Apesar do roteiro um pouco forçado e da crítica um tanto superficial à civilização, este filme pode ser uma chave para discutir temas como evolução, meio ambiente e hábitos de animais. Uma sequência em especial (1h17min de filme, aproximadamente) pode ser interessante para mostrar em sala de aula: o cientista, enlouquecido e preso, desenha um enorme mapa na parede de sua cela para ilustrar as suas teorias críticas sobre a evolução da humanidade. Valendo-se dela:

- Peça aos alunos que identifiquem as regiões representadas no mapa.

- Preste atenção no discurso do cientista: como ele explica a evolução (compare com as teorias cientificamente consagradas e aceitas)?

- O que ele quer dizer quando nomeia os homens civilizados "captores"?

Nas montanhas dos gorilas

Público-alvo: ensino médio
Área principal: zoologia/meio ambiente
(também área de Geografia)

Cuidados: violência sugerida
Roteiro de análise:

Este filme biografa a vida de Dian Fossey, cientista e ecologista que não apenas se tornou especialista em gorilas africanos de Ruanda como também se envolveu na luta contra sua extinção, provocada por caçadores clandestinos. Além de aspectos ilustrativos da pesquisa de campo, o filme permite também discutir aspectos da vida selvagem e da difícil preservação do meio ambiente em países pobres. O brutal assassinato da cientista também ilustra a dificuldade de convívio entre as regras e imperativos da ciência e do bom-senso e a luta caótica e sem regras pela sobrevivência em sociedades desiguais.

- Pesquisar mais sobre a África central, onde se localiza Ruanda (população, relevo, fauna, flora, etc.).

- Como a cientista consegue observar os animais? Quais os procedimentos que ela desenvolveu de observação, aproximação e registro?

- Por que os gorilas eram caçados, conforme o filme? Compare com espécies brasileiras em extinção e discuta os resultados.

- Quem eram os caçadores? Quais os interesses que estavam por trás das suas ações?

CIÊNCIAS DA NATUREZA: MATEMÁTICA E FÍSICA

Jogos de guerra

Público-alvo: ensino fundamental (8º e 9º anos)
e ensino médio (1º ano)
Área principal: Informática
Cuidados: nenhum
Roteiro de análise:

> Um jovem *hacker*, inconsequente, consegue entrar no sistema de computadores do Pentágono (Departamento de Defesa dos EUA) por pura brincadeira, simulando um ataque nuclear soviético (na época que o filme foi feito, em 1983, a União Soviética e a Guerra Fria ainda existiam). Só que o computador americano leva a sério o ataque simulado e coloca em marcha o sistema de defesa nuclear automático, que incluía um ataque maciço à URSS. Ao longo deste filme eletrizante, o espectador vai acompanhando as peripécias de todos para convencer o computador do Pentágono (que não podia ser desligado nem reprogramado) que o ataque não passava de um equívoco. E isso não era nada fácil.

- Como o jovem *hacker* consegue entrar no sistema? Hoje em dia esta possibilidade ainda existe (Informática)?

- Por que a lógica da guerra nuclear, uma possibilidade não muito remota entre 1948 e 1989, é comparada à lógica do jogo da velha?

- Como a *teoria do jogo*, na matemática, analisa a lógica do jogo da velha?

Uma mente brilhante

Público-alvo: ensino médio
Área principal: Teoria do Jogo/Combinatória
Cuidados: Conflito existencial e psicológico extremo

Roteiro de análise:

Este filme, vencedor de vários Oscar, retrata a vida de John Nash Jr., gênio matemático e ganhador do Prêmio Nobel. Nash sofria de esquizofrenia aguda, imaginando-se em situações e convivendo com pessoas que não existiam na vida real. O filme, embora se concentre em aspectos mais biográficos, mostra o ambiente acadêmico americano entre os anos 1940 e 1980 e algumas contribuições para a matemática moderna, como a *teoria do jogo*.

- A teoria do jogo de Nash se baseia na relação entre cooperação e defecção de partes competitivas entre si (pessoas, empresas, países). Analise a cena em que os amigos estudantes encontram jovens moças num bar e se interessam por elas. Como Nash equaciona o problema de "quem fica com quem"?

- Quais as relações que o filme sugere entre ciência (no caso, a matemática) e política?

Kenoma

Público-alvo: ensino médio
Área principal: mecânica
Cuidados: sexualidade moderada e nudez
Roteiro de análise:

Recente filme brasileiro com tema original, que funde poesia e ciência, conta a história de uma espécie de "cientista louco" do sertão brasileiro, que tem um sonho: construir um mecanismo de moto perpétuo, ou seja, uma máquina que, uma vez colocada em movimento, nunca mais cesse de funcionar, independentemente de energia exterior adicionada. Esse é um velho sonho dos inventores, desde a Renascença, nunca atingido. Todos os mecanismos cinéticos inventados não conseguem manter o movimento por si, sem fontes de energia exterior. O princípio geral do moto perpétuo é que a perda de energia de uma parte do mecanismo seja compensada pela transferência de outra, mantendo a energia cinética sem perda, em movimento constante.

- Se esse mecanismo fosse possível, qual seria sua utilidade prática na vida das pessoas, conforme sugerido pelo filme?

- Analisar a forma e o sistema de rodas e correias do mecanismo gigante mostrado no filme.

- Quais os resultados das tentativas de colocar o mecanismo em movimento, tentando atingir o moto perpétuo?

Titanic

Público-alvo: ensino fundamental
Área principal: Mecânica
Cuidados: cenas de tensão muito realistas
Roteiro de análise:

Outro filme que dispensa maiores apresentações. Uma das dez maiores bilheterias de todos os tempos do cinema, *Titanic* é o que se chama de "cinemão": um filme bem produzido, bem dirigido, com história envolvente, mas convencional e feito para agradar o grande público. É um filme com base no qual o professor mais criativo pode discutir temas ligados à História (afinal, é um filme "de época") e à ética em situações extremas (lembremos das escolhas de quem iria ser salvo primeiro e do comportamento das pessoas, sobretudo aqueles que tinham mais dinheiro, subornando a tripulação para conseguir um lugar nos botes). Aqui propomos outra abordagem, sem prejuízo de novos achados do professor, ligada à área de Física.

- Explore quais as características do Titanic (comprimento, peso, deslocamento). Como um navio tão grande conseguia se movimentar com velocidade nos mares?

- Por que, do ponto de vista físico, uma fenda (relativamente) pequena no casco do navio, provocada pelo choque com o *iceberg*, pode afundar um navio tão grande e majestoso?

- Explique, fisicamente, conforme mostrado no filme, os efeitos das várias fases de naufrágio do navio: inundação, inclinação e verticalização do casco, afundamento, deslocamento da água e "efeito de sucção" na superfície.

Mar em fúria

Público-alvo: ensino fundamental
Área principal: Mecânica (também área de
Geografia: Climatologia/Oceanos)
Cuidados: Cenas de tensão muito realistas
Roteiro de análise:

> *Mar em fúria* é um filme de aventura baseado em fatos reais, mostrando a luta inglória de um grupo de pescadores em seu pequeno barco contra um raro tipo de tempestade em alto-mar, provocada pela confluência de fatores climáticos. Valendo-se das cenas e sequências filmadas durante a tempestade, o professor pode trabalhar alguns temas da área de Física e Geografia.

- Em qual oceano e em qual região deste oceano se passa o filme? Esses fenômenos climáticos são comuns nessa região? Discuta com a classe as causas desse fenômeno.

- Como o meteorologista da televisão explica a intensidade rara da tormenta? Analise a explicação do filme conforme as regras da climatologia.

- Como se explica, do ponto de vista da física, que um barco tão pequeno consiga não afundar diante de ondas tão gigantescas? Como o capitão consegue vencer essas ondas (Mecânica)?

- Por que o pequeno barco afunda, depois de vencer tantas ondas gigantes?

Apolo 13

Público-alvo: ensino fundamental e ensino médio
Área principal: Mecânica
Cuidados: nenhum
Roteiro de análise:

> Em 1970, depois de quase um ano após a conquista da Lua, o projeto espacial americano lança mais um foguete, o Apolo 13. O que deveria ser voo de rotina quase se transforma em tragédia da corrida espacial. Completamente a sós a mais de três mil quilômetros da Terra, numa nave avariada, os astronautas Jim Lovell, Fred Haise e Jack Swigert lutam pela sua sobreviência. Paralelamente, os diretores e técnicos da NASA, em terra, tentam de todas as maneiras trazê-los de volta. Baseado em fatos reais.

- Por que o módulo de serviço da Apolo 13 começou a perder oxigênio, luz, eletricidade e água e as máquinas começaram a falhar?

- Como foi possível, do ponto de vista (astro) físico, a utilização da gravidade da Lua para retornar à Terra?

O céu de outubro

Público-alvo: ensino fundamental
Área principal: Física, Química, Matemática
(também área de História)
Cuidados: visão muito conservadora do ativismo sindical
Roteiro de análise:

> Quando os russos lançam o satélite Sputnik, em 1957, Homer, um jovem habitante de uma cidade de mineiros (Coalwood), da Virgínia do oeste (EUA), tenta inventar o seu próprio

foguete e, para tal, precisa da ajuda dos seus amigos e da professora. Apesar das dificuldades socioeconômicas e da incompreensão paterna, o garoto consegue participar de uma feira de ciências. Baseado numa história real, temperada com bastante melodrama. Mesmo assim, um filme muito original e interessante para o trabalho em sala de aula.

- Valendo-se do filme, trabalhe com a classe a relação entre a Guerra Fria e a corrida espacial nos anos 1950 e 1960 (História).

- O filme mostra uma fórmula à base de cloreto de potássio e enxofre, misturados com açúcar ao fogo, liberando três partes de O_3 e duas de CO_2. Analise esta fórmula e suas aplicações práticas, conforme mostradas no filme (Química).

- Explique e discuta com a classe por que os primeiros foguetes inventados pelo grupo têm trajetória descontrolada (Física e Matemática).

- Explore com a classe como os alunos conseguem provar que o seu foguete perdido não havia provocado um incêndio numa floresta próxima. Como a Trigonometria é usada para fundamentar o cálculo, utilizado como evidência da inocência do grupo em relação ao incêndio (Matemática)?

CÓDIGOS E LINGUAGENS: PORTUGUÊS, LITERATURA BRASILEIRA E PORTUGUESA

Neste tópico, em vez de sugerir blocos diferenciados de atividades, por filme, vamos sugerir um roteiro comum, tendo como base um conjunto de filmes inspirados em obras clássicas da literatura. São filmes desiguais em qualidade e diferentes nas adaptações, mas todos tentam levar para as telas as situações e os personagens dos respectivos livros. O professor pode, com base nesse roteiro comum, explorar as peculiaridades de cada filme. O procedimento básico deve começar pela leitura do livro ou conto, paralelamente à assistência do filme. Valendo-se do contato dos alunos com a história (filme e livro/conto), o professor pode trabalhar o seguinte roteiro básico:

- Compare os principais personagens e as sequências do filme com o livro no qual foi baseado. Divida a classe em dois tipos de grupo; um deve analisar os personagens do filme e o outro do livro respectivo. O grupo que analisar os personagem do livro não deverá assistir ao filme e vice-versa. Os grupos devem perceber as diferenças nas caracterizações (mesmo se tratando do mesmo personagem e da mesma história), passagens suprimidas ou acrescentadas, mudanças na função dramática e no desfecho da história, os diálogos etc.

- Perceba como o diretor e o roteirista adaptaram o livro. Divida-o em unidades narrativas e veja se elas se repetem no filme ou são modificadas. Analise se o "clima" e as impressões causadas pelo livro (tristeza, melancolia, reflexão social, lirismo etc.) se mantém no filme e vice-versa.

Amor e cia

Público-alvo: ensino médio
Área principal: Literatura Portuguesa

Cuidados: crise familiar
Roteiro de análise:

Em São João Del Rey, no final do século XIX, vive Alves (Marco Nanini), um próspero negociante. Um dia ele vai para casa mais cedo e se encontra com Machado (Alexandre Borges), seu sócio, em atitude suspeita, junto com sua esposa Ludovina (Patrícia Pillar). Alves expulsa a mulher de casa e pensa em desafiar seu sócio e ex-amigo para um duelo. O filme retrata os valores morais da sociedade burguesa do século XIX e a relação entre público e privado. Baseado no livro de Eça de Queiroz.

Primeiras estórias

Público-alvo: ensino fundamental e ensino médio
Área principal: Português, Literatura Brasileira
Cuidados: linguagem difícil
Roteiro de análise:

O jornalista Pedro Bial resolveu encarar o desafio de levar um dos escritores mais sofisticados da história da literatura brasileira, Guimarães Rosa, para as telas. O principal desafio é conseguir transplantar para a linguagem do cinema a narrativa sofisticada, os jogos de linguagem, o clima poético que perpassa os contos do autor de *Grande Sertão: Veredas*. O professor pode escolher um conto e comparar seu resultado fílmico.

Gabriela, Tenda dos milagres

Público-alvo: ensino médio
Área principal: Literatura/pluralidade cultural
Cuidados: sexualidade e nudez
Roteiro de análise:

Nestes dois filmes baseados em obras famosas de Jorge Amado, o espectador pode tomar contato com temas caros ao escritor: a sensualidade dos tipos e ambientes de Salvador e o misticismo afro-brasileiro, temperado pelo tom de denúncia social e crítica ao racismo.

Memórias póstumas de Brás Cubas

Público-alvo: ensino médio
Área principal: Português, Literatura Brasileira
Cuidados: linguagem difícil e conflito existencial extremo
Roteiro de análise:

> Um clássico absoluto da literatura brasileira. Cheio de sutilezas e reflexões interiores do personagem, que só a literatura consegue explorar com profundidade, foi levado às telas pelo diretor André Klotzel, não chegando a ser desqualificado pela crítica. O diretor tentou manter a psicologia do personagem e suas reflexões moribundas, que oscilam entre as questões ligadas à existência e a crítica às regras morais e ao artificialismo das relações sociais no Brasil do século XIX.

Guerra de Canudos

Público-alvo: ensino fundamental (8º e 9º anos)
e ensino médio
Área principal: Literatura Brasileira (também área
de História do Brasil)
Cuidados: violência e sexualidade sugerida
Roteiro de análise:

> Este filme tentou levar para as telas a obra máxima de Euclides da Cunha, *Os Sertões*, mantendo o tom épico do livro, mas enfatizando mais a ação e a aventura, esvaziando-lhe a análise mais profunda sobre o início da República no Brasil. Como recurso, o diretor Sergio Rezende criou uma família de camponeses pobres que se envolve com a história de Antônio Conselheiro e sua Canudos, e funciona como o fio condutor da trama, dando-lhe tom acessível ao grande

público. O professor pode tanto comparar os personagens criados pelo filme com as descrições de tipos sociais presentes no livro, quanto comparar os personagens reais citados no livro (Antônio Conselheiro e o Coronel Moreira César, por exemplo) com suas respectivas representações fílmicas. Outro ponto a ser explorado (neste caso, pelo professor de História e de Literatura, juntos) é a crítica que o livro faz à República e ao massacre de Canudos com aquela que o filme transmite. Elas seriam do mesmo tipo e teriam como base a mesma perspectiva ideológica?

Lavoura arcaica

Público-alvo: ensino médio (3º ano)
Área principal: Português, Literatura Brasileira
Cuidados: sexualidade sugerida, linguagem difícil
e conflito psicológico extremo
Roteiro de análise:

> Este filme, de Luis Fernando de Carvalho (diretor da série *Os Maias* e da novela *Esperança*, ambas da Rede Globo), é uma adaptação bem-sucedida e muito elogiada do livro de Raduan Nassar que, por sua vez, funde poesia e ficção narrativa. A trama gira em torno de uma família de camponeses sírio-libaneses, comandada por um pai severo e preso às tradições familiares, cujo filho não se conforma em aceitar as regras e funções impostas pela tradição. Para complicar, ele desenvolve atração sexual pela própria irmã, mergulhando num abismo de emoções e sentimentos confusos e desencontrados, que causam não apenas sua própria ruína, mas a de toda sua família.

Vidas secas

Público-alvo: ensino médio
Área principal: Literatura Brasileira
(também área de Geografia)

Cuidados: linguagem difícil
Roteiro de análise:

Vidas secas é um dos principais filmes do movimento Cinema Novo, dirigido pelo cineasta Nelson Pereira dos Santos, em 1963. Filmado em preto e branco, com uma fotografia "estourada" em alguns momentos (com excessiva luminosidade), narrativa seca e distante, personagens simples (mas nunca simplórios ou caricatos), este filme é um dos melhores já realizados no Brasil, conseguindo adaptar e, em certo sentido, adicionar mais elementos ao livro clássico de Graciliano Ramos. Por meio da saga de uma família de retirantes, que vaga pelo sertão fugindo da seca, o filme nos fala de problemas humanos e sociais vividos por pessoas oprimidas não só pela dureza da natureza árida do sertão brasileiro, mas sobretudo pela sociedade desigual e exploradora. As atividades em sala de aula, além de aplicar o roteiro básico sugerido, podem explorar outros elementos, tais como: a) a "secura" da narrativa literária e fílmica; b) a dificuldade de comunicação entre os membros da mesma família, que no filme é enfatizada por meio de planos longos e sequências longas sem diálogo, ou com diálogos desencontrados; c) a clássica sequência da morte da cadela Baleia, uma das mais emocionantes do cinema, na qual o diretor aplicou uma das regras do neorrealismo italiano, fazendo confluir o que seria o tempo real da ação com o tempo da narrativa fílmica.

Memórias do cárcere

Público-alvo: ensino médio
Área principal: Literatura Brasileira/Cidadania
(também área de História do Brasil)
Cuidados: linguagem difícil, conflito social extremo
e violência

Roteiro de análise:

Mais uma vez, Nelson Pereira dos Santos adaptou para o cinema um livro de Graciliano Ramos que, por sua vez, foi baseado na sua experiência como prisioneiro político durante a ditadura do Estado Novo. A trama é plena de tipos humanos e sociais da sociedade brasileira que se encontram na prisão, tanto na condição de prisioneiros comuns (marginais e bandidos em geral) como de prisioneiros políticos. Ótimo filme para o professor de História discutir o Estado Novo.

Policarpo Quaresma – herói do Brasil

Público-alvo: ensino fundamental e médio
Área principal: Literatura Brasileira, Português
Cuidados: nenhum
Roteiro de análise:

Adaptação do livro de Lima Barreto, que conta a vida de Policarpo Quaresma, um funcionário público patriota e nacionalista, que vive no Rio de Janeiro no final do século XIX. Adepto do positivismo e do governo forte de Floriano Peixoto, Quaresma vai descobrindo que seus ideais não encontram lugar numa sociedade dominada por uma lógica mesquinha e por uma política voltada para os ganhos privados. Barreto traça um painel melancólico e patético do Brasil, tanto da elite republicana, reformista porém autoritária, quanto da elite econômica liberal, pouco preocupada com os destinos da nação. O filme pende para o lado cômico e farsesco, mas pode servir de boa comparação com o livro.

Macunaíma

Público-alvo: ensino médio (3º ano)
Área principal: Literatura Brasileira/pluralidade cultural
Cuidados: linguagem vulgar e nudez

Roteiro de análise:

> *Macunaíma* não é um filme muito fácil de ser trabalhado em sala de aula, mas havendo um trabalho prévio do professor, e dependendo do público-alvo, este filme pode ser um contraponto interessante à análise do livro homônimo de Mário de Andrade, marco do modernismo brasileiro. *Macunaíma, herói sem nenhum caráter*, síntese das possibilidades, fragilidades e contradições do Brasil e dos brasileiros na visão de um escritor preocupado com a identidade nacional, foi atualizado neste filme do final dos anos 1960. Esta versão cinematográfica ficou relacionada ao movimento tropicalista, outro movimento cultural que retomava muitas questões propostas pelos modernistas dos anos 1920. De forma geral, as sequências do livro estão preservadas no filme e, além disso, o ator Grande Otelo dá uma aula de interpretação no papel-título.

O auto da Compadecida

Público-alvo: ensino fundamental (7º ao 9º anos)
e ensino médio
Área principal: Literatura Brasileira/ética
e cidadania/pluralidade cultural
Cuidados: nenhum
Roteiro de análise:

> Um dos maiores sucessos do cinema brasileiro recente (e da TV), *O auto da Compadecida* é uma homenagem do escritor Ariano Suassuna ao saber e à cultura do homem comum do sertão nordestino. O filme conseguiu ser fiel à linguagem ágil e bem-humorada que marca o livro. O personagem principal, João Grilo, compensa sua condição de pobre e explorado pela inteligência prática e esperteza, que o faz tirar vantagem de situações adversas. O filme também permite ao professor (de diversas áreas) discutir as instituições que marcaram a sociedade tradicional do Nordeste brasileiro (a

Igreja, o coronelismo, o cangaço), bem como entender melhor a religiosidade popular, nem sempre coincidente com as regras e os dogmas religiosos institucionais. O julgamento que se realiza após a morte dos personagens, contrapondo a Virgem Maria "Compadecida", Jesus Cristo e o diabo, é um bom momento para a análise dos valores ideológicos e da crítica social veiculados pelo filme.

CÓDIGOS E LINGUAGENS: LÍNGUA ESTRANGEIRA

A rigor, todo o cinema fornece abundante material para atividades didáticas em vários idiomas (inglês, francês, espanhol, alemão, italiano etc.). Independentemente do conteúdo específico do filme, os diálogos, lugares e textos que aparecem na tela podem servir para os professores de línguas estrangeiras desenvolverem atividades, já que o aprendizado de um idioma está muito relacionado ao contato com os seus contextos e suas tradições culturais originais. Citamos apenas dois filmes que, além do aspecto mencionado, são abundantes em referências literárias das línguas inglesa e francesa, articulando o ensino "técnico" do idioma à cultura (literária) destes dois importantes idiomas. Outros inúmeros exemplos de filmes podem ser adicionados, bastando que o professor faça uma breve pesquisa em catálogos e locadoras.

Sociedade dos poetas mortos

Público-alvo: ensino médio
Área principal: Inglês, Literatura e Redação
Cuidados: conflito familiar e existencial extremo (suicídio)
Roteiro de análise:

> Um grupo de alunos submetidos a disciplina severa em escola integral de elite nos anos 1950 tem sua paixão pela literatura despertada por um professor de métodos didáticos heterodoxos. O filme articula muito bem as experiências literárias e existenciais, mostrando a importância da literatura na vida e formação dos jovens. O filme cita muitos escritores de língua inglesa (Walt Whitman, Edgar Allan Poe, Shakespeare, entre outros) e mostra situações de alunos diante do texto literário, que podem ser trabalhadas em sala de aula, com autores brasileiros ou portugueses, por exemplo.

Cyrano

Público-alvo: ensino médio
Área principal: Francês

Cuidados: linguagem difícil
Roteiro de análise:

Cyrano é um filme de aventura tipo capa e espada, com a peculiaridade de ser todo narrado em verso, numa grande interpretação do ator francês Gérard Depardieu. Ele conta a história do carismático personagem Cyrano de Bergerac, "astrólogo, matemático, físico, poeta e espadachim", dotado de imenso e deformado nariz, que impede a realização do seu amor por Roxane, jovem nobre da corte francesa do século XVII. Para os professores de língua francesa, Cyrano pode estimular o aperfeiçoamento do aluno neste idioma, embora seja de aplicação difícil para iniciantes.

CÓDIGOS E LINGUAGENS: EDUCAÇÃO ARTÍSTICA

ARTES PLÁSTICAS

Pollock

Público-alvo: ensino médio
Área principal: vanguardas/criação artística
Cuidados: conflito familiar extremo, drogas e alcoolismo
Roteiro de análise:

> Jackson Pollock (1912-1956) é considerado um dos primeiros artistas modernos americanos, mestre da pintura abstrata e inventor de uma técnica conhecida como *action painting* (pintura em ação). O filme, embora se concentre mais em aspectos da conturbada vida pessoal do artista, entre os anos 1930 e 1950, pode ser trabalhado pelo professor de Educação Artística para discutir as técnicas e motivos da pintura moderna de vanguarda, bem como as relações entre artistas, críticos, mecenas (patrocinadores das artes) e *marchands* (mercadores de arte).

- Como Pollock "descobre" a técnica de *action painting*? Quais os efeitos que ele consegue para as suas obras?

- Discuta com os alunos o que mais se sobressai na obra de Pollock: o resultado final dos seus quadros ou o seu procedimento de criação em si (*performance*).

- Como o artista explica o sentido da sua obra e sua relação com a pintura (sequência da entrevista)?

- Qual o papel de mecenas e críticos, conforme mostrado no filme?

Agonia e êxtase

Público-alvo: ensino fundamental e ensino médio
Área principal: Renascimento

Cuidados: nenhum
Roteiro de análise:

> *Agonia e êxtase* reconstitui a pintura do teto da famosa Capela Sistina, no Vaticano, a partir das relações de conflito e respeito estabelecidas entre Júlio II, o papa da época, e Michelangelo, um dos mestres da Renascença. A pintura, cujos temas centrais são os episódios bíblicos *Criação do Mundo* e *Expulsão do Paraíso*, foi feita entre 1508 e 1512. O filme pode ser uma boa ocasião não apenas para o professor de Educação Artística discutir o renascentismo nas artes, seus mestres e estilos, mas também para o professor de História discutir o papel da Igreja Católica naquele momento histórico (início do século XVI).

- Quais os principais pontos de atrito entre o papa e o artista?
- Quais as técnicas de pintura de tetos monumentais mostradas no filme?
- Quais o temas representados na pintura?
- Como a Igreja Católica e o papado são representados no filme?

Sonhos

Público-alvo: ensino fundamental e ensino médio
Área principal: criatividade/percepção
Cuidados: linguagem e tema difíceis
Roteiro de análise:

> *Sonhos* é um conjunto de vários episódios dirigidos pelo mestre Akira Kurosawa, cujo cinema se funde com outras linguagens, como as artes plásticas e a poesia. Além de o filme utilizar cores e fotografia diretamente inspirados nas artes plásticas, num dos episódios o diretor japonês constrói a representação fílmica sobre vários quadros famosos do pintor holandês Van Gogh. O professor pode trabalhar esses quadros (cor, tema, figuras, textura, perspectiva) e como eles são transpostos para a linguagem do cinema.

MÚSICA

Shine – brilhante

Público-alvo: ensino médio
Área principal: percepção/*performance*
Cuidados: conflito psicológico extremo e nudez
Roteiro de análise:

> *Shine* mostra a difícil tarefa que os jovens estudantes de música enfrentam para se tornar grandes intérpretes. No caso deste filme, a inspiração foi a vida do pianista David Helfgott, virtuose que vai estudar na Inglaterra, mas acaba não suportando a pressão psicológica do rígido sistema de ensino musical e a solidão em um país distante e acaba desenvolvendo distúrbios mentais. O filme também mostra sua vida madura e enfoca não apenas suas simpáticas excentricidades, mas também a luta pessoal para manter seu talento em dia.

- Identifique as músicas tocadas no filme ou peça aos alunos que o façam.

- Analise a sequência da *performance* que causa o desmaio do jovem pianista, comprometendo, daí em diante, sua saúde mental.

Minha amada imortal

Público-alvo: ensino fundamental e ensino médio
Área principal: história da música/biografias
Cuidados: violência moderada e sexualidade
Roteiro de análise

> Este filme biografa um dos maiores nomes da música erudita, Ludwig van Beethoven, e, embora enfoque aspectos melodramáticos e psicológicos da sua trajetória, permite ao aluno entrar em contato com o contexto da produção de uma das mais importantes obras da música mundial.

- Beethoven é considerado um gênio, ou seja, um indivíduo superdotado de talento e maestria na área da música. Como o filme retrata sua personalidade e sua inserção na sociedade da época?

- Quais as músicas veiculadas no filme?

- Como se dá a relação entre Beethoven, compositor, e os músicos intérpretes? Quais as mudanças no campo da interpretação exigidas pelas inovações musicais de Beethoven?

- Como se dá a relação entre Beethoven e a plateia, conforme o filme?

- Em qual contexto a famosa Quinta Sinfonia é executada no filme?

Villa-Lobos – uma vida de paixão

Público-alvo: ensino fundamental e ensino médio
Área principal: história da música
(também área de História do Brasil)
Cuidados: nenhum
Roteiro de análise:

> Heitor Villa-Lobos é considerado o principal compositor brasileiro, estrela maior do nosso "nacionalismo" musical e entusiasta do ensino musical voltado, sobretudo, para as crianças e para as grandes massas de trabalhadores. Sua trajetória de vida acompanhou o movimento modernista, o primeiro governo de Getúlio Vargas (1930-1945) e a década de 1950, quando confirmou sua consagração internacionalmente. Este filme, com ritmo narrativo muito próximo de uma telenovela (o que pode facilitar a assimilação dos alunos menos acostumados ao cinema sofisticado), traça um painel sintético de sua vida e obra.

- Como o filme representa os anos de formação do jovem Villa-Lobos?

- Como o filme representa a relação de Villa-Lobos com o modernismo? Note que o filme pouco fala do movimento modernista em si, sobretudo aquele sediado em São Paulo, com pouquíssimas referências à famosa Semana de Arte Moderna, de 1922, nem à rica (e conflitante) relação intelectual e pessoal que Villa-Lobos teve com Mário de Andrade. Discuta a abordagem e as lacunas do filme sobre a relação Villa-Lobos/modernismo.

- Como o filme discute a relação de Villa-Lobos com o Estado Novo? Peça a opinião dos alunos (depois de feitas as devidas pesquisas) sobre quais as intenções do compositor ao sugerir o projeto do "canto orfeônico".

- Quais as músicas de Villa-Lobos veiculadas pelo filme? Quais peças importantes da sua obra deixaram de aparecer?

Amadeus

Público-alvo: ensino fundamental e ensino médio
Área principal: história da música/percepção/biografias
Cuidados: nenhum
Roteiro de análise:

Mais uma biografia cinematográfica, montada em ritmo bastante ágil, ora cômico ora dramático, de um gênio da música erudita, Wolfgang Amadeus Mozart. O filme se concentra em mostrar a genial idade precoce de Mozart, na Áustria do século XVIII, e seus conflitos com a sociedade da corte, cujo gosto nem sempre permitia ao compositor expressar toda a sua criatividade. Outro aspecto importante do filme é a ênfase na dificuldade em ganhar dinheiro e os conflitos familiares daí decorrentes. Paralelamente, o filme veicula uma expressiva trilha sonora que, embora naturalmente fragmentada, permite um contato sintético com a curta mas intensa vida e obra do compositor.

- Quais as músicas veiculadas na trilha sonora do filme?

- Como é representada a figura de Antonio Salieri, o "inimigo" de Mozart? Quais as razões, estéticas e pessoais, desse conflito de personalidades?

- Por que Mozart, apesar de talentoso, não consegue sobreviver da sua música, na época em questão?

O violino vermelho

Público-alvo: ensino médio
Área principal: história da música/instrumentos musicais
Cuidados: violência e sexualidade moderadas
Roteiro de análise:

> *O violino vermelho* é um filme bastante original cujo protagonista é o próprio violino. A partir da sua construção, na Itália do século XVII, o instrumento (que dá título ao filme) vaga pelo mundo, sendo comprado, roubado, doado e leiloado, até chegar ao século XX.

- Como o filme retrata a construção do violino? Pesquisar mais sobre a arte e a técnica de construção de instrumentos musicais.

- Quais os lugares e contextos históricos mostrados no filme?

- Qual o papel da música (e do violino, especificamente) em cada contexto?

- Por que este violino especificamente tinha tanto valor?

- Explore o processo de verificação de autenticidade do instrumento retratado no filme (esta atividade pode ser feita em conjunto com as áreas de Física e Química).

Hillary e Jackie

Público-alvo: ensino médio
Área principal: percepção/*performance*

Cuidados: conflito psicológico e familiar extremo
Roteiro de análise:

Outro filme na linha "grandes musicistas, grandes dramas". Outra história de vida real levada ao cinema, retratando a violoncelista inglesa Jacqueline Dupré, virtuose no seu instrumento, que desenvolveu uma doença neurológica progressiva e fatal, impedindo-lhe de exercer o seu talento. Proponha as seguintes questões para a classe:

- Em qual obra/compositor Jacqueline du Pré se especializou?

- Pesquisar sobre o violoncelo (estrutura, características musicais, peças mais famosas feitas para este instrumento, função na orquestra).

CÓDIGOS E LINGUAGENS: INFORMÁTICA

A rede

Público-alvo: ensino fundamental e ensino médio
Área principal: *internet*
Cuidados: violência
Roteiro de análise:

Na era da *internet*, os grandes crimes podem ser cometidos dentro de escritórios refrigerados, cheios de computadores. Esses crimes podem assumir várias formas: invasões ilegais a sistemas (*hackerismo*), transferências eletrônicas ilegais de fundos bancários, desenvolvimento de vírus eletrônicos e outros. Este é o tema da aventura *A rede*, na qual uma jovem especialista em informática se envolve com uma quadrilha de crimes eletrônicos e sabotagem de sistemas informatizados. O filme pode ser últil, apesar de fantasioso, para discutir elementos técnicos e éticos da era da informática, sobretudo *pós-internet*.

- Como a personagem principal se envolve na trama? Qual a relação com seu trabalho em informática?
- Como o filme mostra a interligação da telefonia e dos computadores? (Atenção para a sequência do rastreamento do celular usado pela protagonista.)

2001 – uma odisseia no espaço

Público-alvo: ensino médio
Área principal: Computação/Filosofia
Cuidados: linguagem difícil
Roteiro de análise:

Um clássico absoluto da história do cinema, *2001 – uma odisseia no espaço* anuncia muitas questões que só mais tarde, com a popularização dos computadores e as novas gerações de inteligência artificial, a sociedade percebeu de maneira mais contundente. Numa estação espacial, o computador central resolve assumir funções e reações humanas, entrando em conflito com o astronauta encarregado da estação. A narrativa mais difícil pode ser contornada de duas formas: seleção de determinadas sequências pelo professor ou preparação dos alunos em relação a elas.

- Discuta qual o sentido da sequência inicial do filme: macacos manipulam um instrumento tosco – um osso – e arremessam-no para o ar. A imagem do osso girando no ar se funde com a imagem da estação espacial, em movimento orbital.

- A música que acompanha a cena – *Assim falou Zaratustra* –, de Richard Strauss, tem um sentido também muito especial, a começar pelo seu título. Discuta com os alunos essa relação entre música e imagem. Explore outros aspectos da trilha sonora.

- Como se pode perceber que o computador central – Hal – quer se tornar humano? Quais os seus atributos de humanidade? Compare esta representação fílmica com as novas invenções no campo da informática, com os chamados computadores pensantes e com reações "emocionais" diante de problemas mais complexos.

CÓDIGOS E LINGUAGENS: EDUCAÇÃO FÍSICA

Billy Elliot

Público-alvo: ensino fundamental e ensino médio
Área principal: comportamento/orientação sexual
Cuidados: alcoolismo
Roteiro de análise:

> Billy Elliot é um menino pobre, numa cidade pequena da Inglaterra dos anos 1980, cujos habitantes, em sua maioria trabalhadores das minas de carvão, estão envolvidos em longa greve contra as reformas trabalhistas propostas pelo governo. Em meio à crise social e familiar, o menino sonha ser bailarino, porém vive em ambiente nada propício a este tipo de vocação, devido ao machismo reinante. O filme teria tudo para se tornar um dramalhão fácil, mas o diretor optou pelo tratamento leve e engraçado, nem por isto menos humanista.

- Sabemos que a greve representada no filme realmente ocorreu. Pesquise seu contexto social e histórico e relacione-o à ideologia neoliberal que dominou o Ocidente nas últimas décadas do século XX.

- Comparar a cultura corporal do meio social onde o filme se passa com a cultura corporal específica do protagonista que quer ser bailarino. Preste atenção nos esportes dominantes, nos gestos dos vários personagens, na divisão sexual das culturas corporais.

- Compare a cultura corporal (ou as várias culturas corporais) mostradas no filme com a cidade e o meio específico onde os alunos da sua classe vivem.

Carruagens de fogo

Público-alvo: ensino fundamental e ensino médio
Área principal: competitividade/profissionalismo no esporte
Cuidados: nenhum

Roteiro de análise:

Nos anos 1920, na Inglaterra, dois rapazes – um judeu e um filho de escoceses – se prepararam para disputar as Olimpíadas, cada um sonhando ser "o homem mais veloz do mundo".

- Compare a cultura esportiva e os métodos de treinamento mostrados no filme com a cultura esportiva e as técnicas atuais.

- Reflita com a classe como a competitividade excessiva e os interesses extraesportivos podem interferir numa cultura corporal e em atividades esportivas que, em princípio, devem ser praticadas para aprimorar o bem-estar físico/mental e o espírito de cooperação entre os homens.

Meu pé esquerdo

Público-alvo: ensino fundamental e ensino médio
Área principal: deficiência física/expressão corporal
Cuidados: linguagem verbal agressiva
Roteiro de análise:

Christy Brown (Daniel Day-Lewis), nasce com paralisia cerebral em meio a um bairro operário de Dublin (Irlanda). A doença lhe priva de todos os movimentos do corpo, com exceção do pé esquerdo. O filme, além de ser valorizado pela grande interpretação de Lewis, é um exemplo de superação e disciplina corporal, fora dos padrões normais. Apesar da sua doença, Brown consegue se tornar pintor e escritor.

- Analise os movimentos e a expressão corporal de Lewis na constituição do seu personagem.

- Reflita com a classe sobre a relação entre o movimento do corpo, a vida social e a cidadania, com base na trama desenvolvida no filme.

ATIVIDADES BASEADAS NO CONTÉUDO FÍLMICO: TEMAS TRANSVERSAIS

TEMAS TRANSVERSAIS: ÉTICA

Mera coincidência

Público-alvo: ensino médio
Área principal: mídia/educação
Cuidados: violência
Roteiro de análise:

> Depois de ser flagrado em ato de concussão sexual, o presidente americano se vê pressionado pela opinião pública e pelo Congresso, podendo deixar escorrer pelas mãos suas chances de reeleição. A partir daí, seus assessores elaboram um plano para que ele volte a ser respeitado pela nação. O plano mirabolante consiste em justificar uma guerra contra um "país insignificante" – a Albânia – com base numa farsa montada por um produtor de cinema e um agente da CIA.

- Como o filme mostra a relação entre o poder e a imprensa?

- Como os autores da farsa conseguem convencer a opinião pública a legitimar a guerra?

- Faça uma comparação com acontecimentos recentes envolvendo ações armadas americanas no exterior (Bósnia, Somália e Afeganistão, por exemplo).

Truman show

Público-alvo: ensino fundamental e ensino médio
Área principal: mídia/educação
Cuidados: nenhum
Roteiro de análise:

> Truman é um cidadão comum, com uma peculiaridade: nascido e criado num estúdio de televisão, ele é o protagonista de um *reality show* sem saber. Todos os dias, o dia todo, sua vida e seus atos cotidianos são transmitidos para milhões de pessoas, ao vivo. O que Truman pensa ser sua casa, seu bairro, sua cidade é, na verdade, um imenso estúdio de televisão comandado por um diretor que controla cada segundo de sua vida. O filme é uma excelente parábola do mundo moderno, dominado pela mídia e pela imagem.

- Como é a personalidade e psicologia de Truman?

- Faça uma comparação do filme, que discute a banalização do conteúdo dos meios de comunicação e transforma em espetáculo a vida real, com os *reality shows* da televisão (*Big Brother*, *Casa dos Artistas*, *Fama*). Discuta quais as raízes e consequências culturais, psicológicas e sociológicas desse fenômeno televisual. Compare a propaganda das emissoras de televisão e os textos publicados em jornais com o enfoque crítico do filme.

Fargo

Público-alvo: ensino médio
Área principal: comportamento/sociedade
Cuidados: violência extrema e conflito familiar extremo
Roteiro de análise:

> *Fargo* é um filme diferente e instigante, indo além do drama policial convencional. O filme apresenta um painel crítico da sociedade americana contemporânea (e, consequentemente, de toda a sociedade capitalista ocidental) com base numa

trama simples: um homem comum, medíocre porém ambicioso, resolve simular o sequestro de sua mulher para conseguir o dinheiro do resgate. Para isso, contrata dois marginais idiotas e violentos. Obviamente, nada se desenvolve como esperado. O curioso é que todos os personagens do filme são "pessoas comuns", não há heróis nem vilões especialmente dotados. Neste sentido, o filme suscita a discussão sobre os mecanismos de normatização de valores da vida no capitalismo contemporâneo, ao passo que demonstra as mazelas do individualismo e da competição dele decorrentes.

- Reconstitua o plano inicial de simular o sequestro da esposa, elaborado pelo marido, e compare-o com os resultados e as consequências. Valendo-se desse exercício, proponha uma comparação com casos da vida real pesquisados ou acompanhados pela imprensa.

- Discuta com a classe por que todos os atendentes de serviços (lojas, lanchonetes, postos de gasolina) são caricaturados pelo diretor. Por que o diretor e o roteirista enfatizam tais personagens e suas reações estereotipadas?

- O filme discute a contradição entre os valores sociais do capitalismo (que enfatizam a busca do sucesso), a ética das relações humanas e sociais e a capacidade do homem comum de atingir e conciliar tais objetivos plenamente. Proponha um debate em classe sobre esta abordagem do filme.

- Podemos dizer que os personagens do filme se dividem entre conformados e integrados na sociedade e inconformados e desajustados. A saída para os primeiros (conforme demonstrado no filme) é o trabalho alienado, e a saída para os segundos é o crime. Discuta e problematize com a classe esta abordagem. Com base nela, proponha uma reflexão sobre outras formas de convívio social ético e outros inconformismos possíveis, além dos limites evidenciados pelo filme.

Crimes e pecados

Público-alvo: ensino médio
Área principal: ética pessoal/sociedade
Cuidados: violência
Roteiro de análise:

Um médico bem-sucedido, filantropo e influente na comunidade, aparentemente cidadão e marido exemplar. Mas ele tem uma amante que não se conforma em perdê-lo, e ameaça destruir sua vida contando sobre o seu caso para a família. Ele tenta resolver o problema matando a amante. Quando ele se arrepende é tarde demais, pois os criminosos contratados já tinham feito o serviço. Ele então acha que a culpa vai persegui-lo e arruinar sua vida, mas, no dia seguinte, acorda sem remorsos e segue sua vida normalmente. *Crimes e pecados* é baseado no clássico da literatura *Crime e castigo*, de Fiodor Dostoievski, porém modificado quanto aos personagens e ao desenrolar da história.

- Analise a cena em que o médico vai até o local do crime, vê sua amante morta e volta para casa.

- Com base no comportamento do médico no filme, discuta com a classe o problema da falsa moral e da contradição ética entre várias facetas da pessoa.

- Por que o personagem mais ético e humanista vai perdendo a visão ao longo da história, até ficar completamente cego?

- O personagem de Woody Allen é um cineasta que, em dado momento da história, é contratado para fazer um filme publicitário sobre uma pessoa que, para ele, representava a falta de ética e a competição sem escrúpulos. Como o personagem de Allen representa essa pessoa em seu filme?

Nove rainhas

Público-alvo: ensino médio
Área principal: sociedade/comportamento

Cuidados: trama difícil
Roteiro de análise:

> *Nove rainhas* é um dos filmes mais representativos do novo cinema argentino dos anos 1990, muito elogiado pela crítica internacional. Ele conta as peripécias de dois pequenos vigaristas de Buenos Aires, que se veem no meio de uma operação fraudulenta envolvendo uma coleção de selos valiosíssimos, só que falsificados. O filme pode ser visto como metáfora da (falta de) ética na competição capitalista em sociedades periféricas. Neste sentido ele tem muito a dizer para a sociedade brasileira. O final é surpreendente.

- Compare os dois personagens vigaristas com o empresário que deseja comprar os selos. Discuta como a falta de ética não é exclusividade apenas das pessoas do submundo, podendo perpassar a vida de pessoas "bem-sucedidas" e com posição social.

- Qual seria o sentido do personagem tentar se lembrar de uma velha canção chamada "Il Ballo del Mattone" (de Rita Pavone)? Tente compreender a letra da música e situe-a no contexto do filme.

- Em determinada sequência, o vigarista mais velho mostra ao novato como uma rua aparentemente normal de uma cidade grande está cheia de ladrões, golpistas e pequenos bandidos. Qual o sentido desta cena, tendo em vista o contexto atual das cidades latino-americanas?

- Qual a mensagem ética do filme, tendo em vista o seu surpreendente e inesperado final?

Erin Brockovich

Público-alvo: ensino fundamental e ensino médio
Área principal: meio ambiente/ética empresarial
Cuidados: nenhum

Roteiro de análise:

Numa pequena cidade do interior, a personagem principal, Erin Brockovich, é uma mulher simples que vive com seus filhos, sem formação ou profissão qualificada, lutando pela sobrevivência e trabalhando em empregos diversos. Depois de conseguir trabalho numa empresa de advocacia, ela se vê envolvida num processo milionário contra uma grande companhia que, ao poluir o meio ambiente e provocar sérias doenças nas pessoas, tenta manipular os resultados das análises técnicas e os desdobramentos jurídicos do caso.

- Em 2000 e 2001, o bairro de Mauá, na cidade de São Paulo, e a cidade de Paulínia (SP) sofreram problemas de contaminação ambiental parecidos com aqueles mostrados no filme. Compare a trama fílmica e a luta dos habitantes fictícios com o caso brasileiro (mediante pesquisa na imprensa).

- Proponha uma pesquisa sobre os elementos químicos citados no filme (Cromo 3 e Cromo 6) e compare com outros tipos de agentes químicos contaminadores (para a área de Química).

- Qual a relação entre o Direito (leis) e a cidadania sugerida no filmes?

- Qual a diferença entre a personagem-título e os outros advogados que assumem a causa dos moradores?

TEMAS TRANSVERSAIS: MEIO AMBIENTE

A Costa do mosquito

Público-alvo: ensino médio
Área principal: desequilíbrio ambiental
Cuidados: violência

Roteiro de análise:
(Vide sinopse e atividades propostas anteriormente.)

Brincando nos campos do Senhor

Público-alvo: ensino fundamental e ensino médio
Área principal: extinção/pluralidade cultural
Cuidados: violência moderada
Roteiro de análise:

> Aventura ecológica que se passa na Amazônia. A trama opõe um casal de missionários e dois aventureiros em torno de uma tribo de índios que se veem ameaçados tanto pela extinção física quanto pela perda dos seus referenciais culturais. O caso se complica quando o governo (do país imaginário) ordena a expulsão dos índios das suas terras.

- Como o filme retrata a relação dos estrangeiros (missionários e aventureiros) com a Amazônia e seus habitantes nativos?

- Como o filme retrata a relação dos índios com a floresta? Proponha uma pesquisa a respeito e compare os resultados com o filme.

- Como o filme denuncia a fragilidade do ecossistema amazônico e as constantes agressões à natureza, na região?

- Como o filme representa a crise de identidade do aventureiro mestiço (branco e índio) e qual a solução para esta crise?

Síndrome da China

Público-alvo: ensino fundamental e ensino médio
Área principal: ética/cidadania
Cuidados: nenhum

Roteiro de análise:

Uma usina nuclear nos EUA sofre um vazamento de urânio e dois repórteres passam a investigar o caso. No contato com o engenheiro, responsável pelo funcionamento da usina, eles descobrem a gravidade do acidente, minimizado pela direção da empresa e pelas autoridades responsáveis. O engenheiro passa a ser perseguido e o caso ganha vulto, mobilizando a opinião pública em torno da ameaça de acidentes nucleares.

- Compare o acidente nuclear do filme com outros casos famosos ocorridos logo depois (Three Miles Island, nos EUA, e Chernobyl, na Ucrânia, então parte da antiga União Soviética).

- O que é a "Síndrome da China" que dá título ao filme (questão para a área de Física e Química)?

- Qual a importância da imprensa livre, conforme mostrado no filme? Proponha um debate a respeito.

Dersu Uzala

Público-alvo: ensino médio
Área principal: pluralidade cultural
Cuidados: linguagem difícil
Roteiro de análise:

Um velho caçador ecologicamente correto e sua relação com a natureza fornecem o mote deste filme poético, que se tornou um *cult movie* para ecologistas e cinéfilos. Uma das obras-primas de Akira Kurosawa que, no entanto, exigem um trabalho prévio do professor com a classe, pois é um filme que escapa ao ritmo comum do cinema de drama e aventura típicos de Hollywood.

- Analise o personagem-título e sua relação com a natureza e seu ofício de caçador. Qual a diferença dele com outros caçadores?

- O filme se passa numa paisagem muito peculiar, de um grande país. Solicite aos alunos uma pesquisa sobre a paisagem e proponha que descubram qual região/país é esse (Geografia).

TEMAS TRANSVERSAIS: PLURALIDADE CULTURAL

Adivinhe quem vem para o jantar

Público-alvo: ensino fundamental e ensino médio
Área principal: racismo
Cuidados: nenhum
Roteiro de análise:

> Um dos primeiros filmes americanos a discutir o preconceito de cor com base nas relações amorosas, envolvendo, neste caso, uma branca e um negro. O filme se passa durante uma visita que o noivo faz à família da noiva, e os diálogos e as situações, muito bem construídos do ponto de vista dramático, fornecem amplo material de reflexão e discussão sobre o racismo nas relações interpessoais e cotidianas.

Faça a coisa certa

Público-alvo: ensino fundamental e ensino médio
Área principal: racismo
Cuidados: conflito social extremo; linguagem
vulgar e sexualidade (encenada)
Roteiro de análise:

> *Faça a coisa certa* explora as tensões sociais e raciais da sociedade americana na cidade de Nova Iorque. O filme mostra as difíceis relações entre afro-americanos, ítalo-americanos, hispano-americanos e anglo-saxões. O diretor discute as raízes dessas tensões da perspectiva dos afro-americanos e demonstra a complexidade do problema do racismo nas sociedades ocidentais que, como é mostrado, pode degenerar em violência social aberta.

- Compare os grupos étnicos abrigados pela cidadania americana e os grupos étnicos que convivem na sociedade brasileira. Quais as diferenças e semelhanças entre as relações representadas no filme e as relações e os valores que estruturam a relação entre etnias na sociedade brasileira?

- Discuta as diferenças e semelhanças da consciência e do discurso dos afro-americanos em relação aos afro-brasileiros.

- Como se dá a passagem, conforme o filme, entre o convívio social tenso das várias etnias e a violência coletiva sem controle que as coloca em conflito nas ruas?

Concorrência desleal

Público-alvo: ensino fundamental e ensino médio
Área principal: racismo/fascismo
Cuidados: nenhum
Roteiro de análise:

> Durante o regime fascista italiano de Benito Mussolini, dois comerciantes de tecidos vizinhos, um judeu e um italiano patriota, competem pela mesma freguesia. Com a aproximação da Segunda Guerra e a aliança com o nazismo alemão, aumenta a perseguição aos judeus na Itália, emprestando à competição comercial entre os dois um tom ideológico e político. O diretor Ettore Scola consegue articular as relações pessoais cotidianas aos grandes movimentos da História, permitindo ao professor perceber como nascem e morrem os preconceitos e como as ideologias são interiorizadas pelas pessoas comuns.

- Identifique quem são e analise o perfil dos fascistas mostrados no filme.

- Como o filme articula a relação dos pequenos preconceitos cotidianos e inofensivos com as grandes políticas segregacionistas, de consequências trágicas?

- Quais são as diversas fases de construção de uma política segregacionista e racista mostradas no filme? Discuta com a classe e proponha uma comparação com outros casos de segregação e perseguição étnica ao longo da História aos dias de hoje.

Duro de matar

Público-alvo: ensino médio
Área principal: pluralidade cultural
Cuidados: violência extrema
Roteiro de análise:

> Embora seja um filme de muita ação e pouca reflexão, *Duro de matar* tem uma galeria de situações e tipos sociais que podem ser trabalhados pelo professor. Como os valores ideológicos e morais transmitidos pelo filme se articulam muito bem com o ritmo da ação, seu efeito é pouco percebido conscientemente, embora nem por isso seja menos eficaz. A história do policial em crise conjugal que se vê envolvido em atentado terrorista com reféns (entre os quais sua esposa) e consegue, praticamente desarmado, vencer os terroristas, contém muitas chaves de leitura e análise. A seguir, um pequeno roteiro de questões que o professor pode trabalhar em classe, além de incluir outras possíveis.

- Como se caracterizam os personagens principais do filme? Quais representações étnicas, sociológicas, psicológicas e culturais que estão relacionadas com cada personagem?

- Analise as reações de cada personagem em algumas situações dramáticas, tentando relacioná-las com as características identificadas na questão anterior.

- Como são representadas as principais instituições da sociedade americana (ou das sociedades ocidentais, no sentido amplo) ao longo do filme, ou seja: imprensa, governo (no caso, a prefeitura), polícia local (na figura do comissário-chefe) e federal (no caso, os agentes do FBI), universidade? Reflita junto com a classe sobre estas representações, dentro do contexto do filme e de situações parecidas acompanhadas na vida real.

- Por que este filme serve para analisar o problema do multiculturalismo (pluralidade cultural) na sociedade moderna, da perspectiva de sua configuração específica na sociedade americana?

TEMAS TRANSVERSAIS: ORIENTAÇÃO SEXUAL

Deuses e monstros

Público-alvo: ensino médio
Área principal: homossexualidade/identidade sexual
Cuidados: sexualidade sugerida, tema polêmico
Roteiro de análise:

> Este filme, bastante original, fala sobre a vida privada de James Whale, cineasta que criou o famoso personagem da série de filmes de terror *Frankenstein*. Homossexual assumido, ele tenta seduzir o jovem jardineiro heterossexual que trabalha em sua casa. Mesmo com as diferentes opções sexuais e os conflitos resultantes das intenções do velho Whale, o filme evolui para uma história de respeito às diferenças e afeto mútuo desenvolvido por pessoas radicalmente diferentes.

Meninos não choram

Público-alvo: ensino médio (3º ano)
Área principal: homossexualidade/identidade sexual
Cuidados: sexualidade encenada, tema polêmico
Roteiro de análise:

> Outro filme polêmico, pois aborda o tema do lesbianismo e transexualismo, em meio a uma sociedade conservadora do interior dos EUA. Uma jovem se passa por garoto e vive uma relação homossexual com outra jovem. Apesar do tema forte, em nenhum momento o filme resvala em vulgaridade ou apelação. De qualquer forma, o professor deve tomar cuidado e avaliar o real impacto de um filme como este a título de atividade escolar.

Morango e chocolate

Público-alvo: ensino médio
Área principal: homossexualidade/identidade sexual
(também área de História Geral)

Cuidados: tema polêmico
Roteiro de análise:

Um dos últimos filmes do cubano Tomás Gutiérrez Alea, um dos maiores diretores latino-americanos, *Morango e chocolate* foi um grande sucesso internacional e conseguiu, sem o reducionismo ideológico comum, discutir a crise e as contradições do socialismo em Cuba, desde o final dos anos 1980. O viés escolhido pelo diretor é a relação entre um jovem universitário idealista, defensor da revolução, e um intelectual homossexual que se sente perseguido pelo regime. O filme articula, como talvez nenhum outro, questões individuais e contexto político-social, desenvolvendo-se em ritmo ágil de comédia dramática, além de discutir o preconceito contra opções sexuais diferenciadas. *Morango e chocolate* também é um documento fílmico importante sobre a história recente da América Latina.

- A partir de uma pesquisa sobre a revolução cubana e a construção e crise do socialismo em Cuba, discutir as situações e os personagens do filme.

- Como se dá a presença do controle estatal na sociedade e como os indivíduos tentam resistir a este controle, conforme o filme?

- Discuta sobre o tipo de crítica ao autoritarismo político feita no filme. Ele seria o mesmo das críticas mais conservadoras e antissocialistas feitas a Cuba, em muitos órgãos da imprensa liberal, por exemplo? Discuta com os seus alunos, comparando as diversas críticas feitas ao regime cubano.

Minha vida cor-de-rosa

Público-alvo: ensino fundamental e médio
Área principal: homossexualidade/identidade sexual

Cuidados: tema polêmico
Roteiro de análise:

Este curioso filme se passa numa vizinhança de classe média na França, que mais se parece com uma cidade tipicamente americana, com suas casas ajardinadas, espaçosas e sua intensa vida social, que propicia encontros de famílias nucleares (pai, mãe e filhos) de forma bastante formal. Todas as famílias seguem um padrão moral puritano e conservador, até que o filho de uma delas começa a assumir uma personalidade feminina. Um filme polêmico, mas narrado em tom leve, abordando a difícil situação de crianças que não se enquadram nos comportamentos socialmente aceitos.

- Identifique os elementos que constituem o *american way of life* satirizado no filme. Compare com sua cidade ou seu bairro.

- Como a família se relaciona com a identidade sexual diferenciada do seu filho?

Filadélfia

Público-alvo: ensino médio
Área/disciplina principal: homossexualidade/identidade sexual, saúde/aids
Cuidados: tema polêmico
Roteiro de análise:

Um jovem profissional bem-sucedido descobre-se portador do vírus HIV e perde o emprego, sentindo na própria pele toda a carga de preconceito em torno da aids, provocado pela sua condição homossexual. Para fazer valer os seus direitos e conseguir tratamento médico e trabalhista digno, ele contrata um advogado negro. *Filadélfia*, tal como os filmes anteriores, coloca personagens homossexuais e heterossexuais lado a lado e, partindo da incompreensão mútua inicial, termina por afirmar a tolerância e o respeito às diferenças. Portanto, o filme (como os outros) pode ter boa aplicação em atividades ligadas aos temas transversais apesar do tema polêmico, que pode causar certa resistência entre pais e alunos.

- Discuta a questão das minorias raciais e sexuais, com base na relação entre o advogado negro e o homossexual branco.

- Por que a cidade de Filadélfia (EUA), que dá título ao filme, tem significado especial na tradição dos direitos civis?

Lanternas vermelhas

Público-alvo: ensino médio
Área principal: família/pluralidade cultural
Cuidados: conflito familiar e existencial extremo
Roteiro de análise:

> O filme *Lanternas vermelhas* retrata a vida das três mulheres de um nobre chinês antes da revolução de 1949, da perspectiva de uma delas, que não aceita passivamente o seu destino, mas se vê impotente para mudar sua condição. O filme mostra a difícil realidade de mulheres submetidas a costumes tradicionais que lhes retiram qualquer poder de decisão sobre o seu destino.

- Discuta os privilégios dos homens (maridos) em sociedades não ocidentais. Compare com o tipo de matrimônio mostrado no filme.

- Qual o papel da mulher, conforme o filme? Comparar com o papel da mulher em sociedades ocidentais contemporâneas (cuidado para não partir de um juízo de valor preconceituoso que possa enviesar os resultados da discussão).

- Compare a situação das personagens femininas mostradas no filme com mulheres brasileiras de várias classes sociais. Proponha uma pesquisa e um debate a respeito.

TEMAS TRANSVERSAIS: TRABALHO E CONSUMO

Eles não usam black-tie

Público-alvo: ensino fundamental e ensino médio
Área principal: ética/cidadania (também área de
História do Brasil: regime militar)
Cuidados: conflito social extremo, violência e nudez
Roteiro de análise:

Em 1979, em plena ascensão do movimento sindical brasileiro (os metalúrgicos do ABC paulista estavam fazendo história), Leon Hirszman dirigiu para o cinema esta consagrada peça de teatro, escrita em 1959 por Gianfrancesco Guarnieri, que, ao lado de Fernanda Montenegro, interpreta o casal operário cuja família entra em crise por ocasião de uma greve. O filho, mais interessado em subir na vida e não perder o emprego, decepciona o pai, líder sindical respeitado. Um belo enfoque articulando uma crise social pública (a greve operária) com a crise privada (a ruptura familiar), sem julgamentos apressados ou personagens estereotipados. Um filme que tanto pode servir de fonte para discutir as relações de trabalho na fábrica quanto para conhecer melhor um importante e dramático momento da história recente do Brasil.

- Como são as casas e o bairro dos trabalhadores mostrados no filme?

- Identifique as correntes sindicais representadas no filme. Procure enfatizar, no debate, as formas de organização do movimento sindical e analise por qual delas o diretor tem mais simpatia.

- Como é a ação da polícia e quais suas consequências?

- Discuta com a classe os argumentos do pai sindicalista, em favor da união pela greve, e do filho operário, defendendo o direito de cada indivíduo decidir sobre o que fazer durante a greve.

- Por que os planos individuais dos operários, cujos projetos de vida, conforme o filme, são parecidos com os das pessoas de classe média e alta, não se concretizam? Quais os obstáculos sociais para a realização desses planos?

- Analise a cena final do filme, que mostra o casal de operários – Otávio (G. Guarnieri) e Romana (F. Montenegro) – sentados à mesa, separando grãos de feijão. Qual seria o sentido desta cena, tendo em vista tudo que foi mostrado ao longo do filme?

Germinal

Público-alvo: ensino médio
Área principal: história do trabalho/capitalismo
Cuidados: violência extrema (mutilação genital),
conflito social e familiar extremo
Roteiro de análise:

Germinal, o filme, tenta reproduzir o realismo cru do livro homônimo, um clássico da literatura mundial. A vida dos trabalhadores das minas de carvão no século XIX, a superexploração e a insalubridade, a ausência de direitos sociais mínimos, a miséria econômica e moral e as consequências na vida cotidiana dos trabalhadores encontram em *Germinal* um dos seus retratos mais sombrios e verdadeiros. O filme, embora se passe no século XIX, permite ao professor brasileiro propor uma relação com as condições de trabalho semelhantes que muitos trabalhadores, incluindo crianças, ainda têm que enfrentar no Brasil do século XXI.

- Como é mostrada a casa dos operários? Discuta com a classe por que muitos trabalhadores no Brasil e no Terceiro Mundo ainda têm aquele tipo de vida, semelhante à dos trabalhadores europeus do século XIX.

- Proponha uma comparação entre as condições de trabalho precárias e a ausência de direitos trabalhistas (seguro-saúde, seguro-desemprego, férias, descanso remunerado, proibição de trabalho infantil) daquela época com a crítica que a ideologia neoliberal faz ao Estado do Bem-Estar Social e aos gastos públicos com esses direitos.

- Conforme o filme, como a péssima qualidade de vida dos operários se reflete na vida familiar e afetiva? Solicite uma pesquisa na seção de violência e criminalidade dos jornais brasileiros, e compare as notícias atuais com os problemas sociais mostrados no filme.

A hora da estrela

Público-alvo: ensino fundamental (8º e 9º anos)
e ensino médio
Área principal: choque cultural/relações de gênero/migração
Cuidados: linguagem difícil
Roteiro de análise:

> Macabéa é um dos personagens femininos mais fortes da literatura brasileira, e encontrou neste filme, baseado no livro de Clarice Lispector, uma interpretação fílmica marcante (Marcela Cartaxo, em papel premiado no Festival de Berlim). Macabéa, nordestina semianalfabeta, pobre, feia e solitária, vai para a cidade grande em busca de trabalho e realização afetiva. Seu universo simplório em nenhum momento é ridicularizado pela abordagem do filme, pois aos poucos o espectador vai se identificando com ela, descobrindo que seus sonhos, projetos e sofrimentos mais profundos são parecidos com os de todos nós, com a diferença que seus recursos para reagir ao preconceito e à solidão são bem mais limitados. *A hora da estrela* é um filme grandioso e humanista que permite muitas abordagens em sala de aula: o choque cultural dos emigrados, as relações de poder entre homem e mulher, a vida urbana do Brasil após os anos 1970.

- Por que, conforme o filme, Macabéa é uma pessoa deslocada e solitária?

- Por que e como o aparelho de rádio é o grande contato de Macabéa com o mundo?

- Como se dá a relação de Macabéa com o seu "namorado", outro imigrante nordestino em São Paulo?

Tempos modernos

Público-alvo: ensino fundamental e ensino médio
Área principal: história do trabalho/fábricas/taylorismo
Cuidados: nenhum
Roteiro de análise:

Tempos modernos dispensa qualquer apresentação. Obra-prima de Charles Chaplin, um dos primeiros gênios do cinema, é um exemplo de humanismo e poesia, contando a história de um pobre operário submetido à vida dura das fábricas do começo do século XX. Apesar de ser uma grande comédia, o filme aborda temas muito sérios e dramáticos, conseguindo sintetizar o sofrimento e a luta de milhões de operários que constituíam a principal força de trabalho do capitalismo industrial.

- Analise a cena clássica da linha de montagem, na qual o operário deve apertar parafusos o dia inteiro, no ritmo exigido pelo gerente que tudo observa. Qual doutrina de administração de empresas e organização do trabalho Chaplin estava criticando?

- Chaplin utiliza um recurso de fusão de imagem para comparar os operários à saída da fábrica com uma manada de bois. Analise o sentido desta cena.

Ou tudo ou nada

Público-alvo: ensino médio
Área principal: cidadania/sociedade pós-industrial
Cuidados: nudez e sexualidade sugerida
Roteiro de análise:

Operários ingleses desempregados se veem obrigados a trabalhar como *strippers* masculinos, tirando a roupa por dinheiro. Para tal, veem-se obrigados a rever seus valores e, ao mesmo tempo, manter a dignidade e o respeito da família. Narrado em tom de comédia, este filme é um retrato atual da sociedade pós-industrial, na qual os trabalhadores estão cada vez mais perdendo seus empregos e não encontrando ocupação digna para sobreviver e se manter socialmente úteis. Ao lado de outros filmes ingleses citados neste livro (*Billy Elliot, Pão e rosas*), *Ou tudo ou nada* faz um exame crítico do capitalismo globalizado e pós-industrial, baseado no capital financeiro volátil e na diminuição dos custos de mão de obra industrial.

- Compare o documentário sobre a cidade, que abre o filme, com a realidade mostrada em seguida. Discuta com a classe e proponha uma pesquisa a respeito da desmontagem do sistema industrial clássico, em marcha desde os anos 1970 na Europa e nos EUA, e as consequências sociais desse processo. Compare com o caso brasileiro.

- Quais os problemas subjetivos e familiares enfrentados pelos desempregados ao longo do filme? Compare com as pessoas desempregadas da vida real.

- Note que entre os desempregados do filme não existem apenas operários, mas também antigos chefes. Discuta a relação de trabalho dentro das fábricas, partindo da relação pessoal mostrada no filme.

- Discuta com os alunos sobre os efeitos sociais, psicológicos e econômicos das novas ocupações e profissões surgidas nas últimas décadas, especialmente no setor de lazer, como compensação para o fim das carreiras tradicionais. Como seria o perfil desse novo profissional do entretenimento em relação às antigas carreiras (artísticas, operárias, escriturárias)?

Domésticas – o filme

Público-alvo: ensino médio
Área principal: pluralidade cultural/migração
Cuidados: nudez e linguagem vulgar
Roteiro de análise:

> *Domésticas* é uma comédia dramática que retrata a vida de cinco empregadas domésticas em São Paulo, seu cotidiano de trabalho, seus sonhos e suas frustrações. Apesar do tom leve, o filme aborda o cotidiano difícil da cidade e a tensa relação entre empregadas e patroas. O mais curioso é que nenhuma patroa é mostrada no filme, somente as domésticas Cida, Roxane, Quitéria, Raimunda e Créo. Cinco tipos diferentes: a jovem ambiciosa, a veterana conformada, a evangélica que perde a filha, a casamenteira, a esposa frustrada. Como pano de fundo, a cidade de São Paulo, opressiva e preconceituosa. Apesar de tudo isso, é um filme muito divertido e original.

- Discuta com a classe se o filme é preconceituoso ou não. Dependendo de qual a origem social dos alunos, a classe pode reconhecer as personagens como suas mães, irmãs, vizinhas. O professor que atua em colégios de periferia pode trabalhar com essa possibilidade, que exigiria abordagem diferente do filme se ele fosse utilizado por um professor que atua em colégios particulares ou situados em bairros centrais.

- Como a classe média e a elite paulistana são representadas no filme?

- Proponha para os alunos uma discussão sobre os projetos de vida e a realidade cotidiana de cada trabalhadora representada no filme.

TEMAS TRANSVERSAIS: SAÚDE

Bicho de sete cabeças

Público-alvo: ensino médio
Área principal: cidadania/tratamento médico/drogas
Cuidados: conflito psicológico e familiar extremo, violência
Roteiro de análise:

> O pai severo e ignorante de um jovem alienado e rebelde encontra maconha na mochila do filho. Preocupado, é aconselhado a interná-lo numa clínica psiquiátrica, acreditando que estivesse ajudando o filho a se "livrar das drogas". Assim, tem início um verdadeiro pesadelo para o jovem, que desce aos infernos das instituições asilares brasileiras por um motivo banal. Baseado em história real ocorrida nos anos 1970, este filme é um exemplo das consequências da ausência de diálogo nas famílias e da desinformação sobre o problema das drogas. Além disso, ajuda a repensar os tipos de tratamentos destinados aos vários tipos de doenças mentais.

* Como o jovem e a juventude são representados no filme?

* Como a vida de bairro, numa grande cidade, é representada no filme?

* Discuta com a classe sobre a decisão do pai de internar o filho por conta da descoberta de um cigarro de maconha. Faça um debate sobre o tema, antes e depois do filme.

* Discuta com a classe sobre os métodos de tratamento a doentes mentais abordados pelo filme, bem como sobre seu posicionamento claramente crítico à política de internação indiscriminada para pacientes deste tipo.

Um estranho no ninho

Público-alvo: ensino médio
Área principal: cidadania/tratamento médico

Cuidados: conflito psicológico extremo, violência
Roteiro de análise:

> *Um estranho no ninho* foi um dos maiores sucessos dos anos 1970 e mostra o dia a dia de um hospício e seus vários tipos de internos. O filme também explora as relações humanas e de poder dentro desse tipo de instituição, e a desventura daqueles que não querem seguir as normas internas mas já não têm voz para decidir sobre o seu destino, pois são classificados como loucos. O filme é um convite contundente para repensar as relações entre saúde e cidadania.

Sonhos tropicais

Público-alvo: ensino fundamental e ensino médio
Área principal: História da medicina
(também área de História do Brasil: Primeira República)
Cuidados: sexualidade
Roteiro de análise:

> Este filme conta a história de Osvaldo Cruz, sanitarista brasileiro muito atuante no começo do século XX e que, indiretamente, protagonizou uma das maiores revoltas sociais ocorridas no Rio de Janeiro, a chamada "Revolta da Vacina", em 1904. O filme, bem produzido e com narrativa didática (embora algumas motivações e alguns personagens da revolta não fiquem muito claros para o espectador), permite ao professor discutir os problemas de saúde pública nas cidades brasileiras (temas transversais), tanto do passado quanto do presente, e as políticas governamentais para resolvê-los. Em abordagem mais historiográfica, o filme pode servir como fonte de discussão da questão social na Primeira República (1889-1930).

- Como o filme explica a relação entre a revolta popular e a vacina obrigatória proposta pelo governo?

- Como o filme apresenta as intenções do governo e as formas pelas quais a população mais pobre era engajada na campanha sanitarista?

- A figura de Osvaldo Cruz é mostrada como bem-intencionada e crente no progresso científico da humanidade. Qual o conceito de ciência que os homens de sua geração compartilhavam?

- Qual o papel das várias instâncias e dos agentes governamentais na campanha sanitarista mostrada no filme (agentes de saúde, presidência da República, prefeitura, polícia, cientistas)?

Epidemia

Público-alvo: ensino fundamental (9º ano) e ensino médio
Área principal: meio ambiente/controle de epidemias
Cuidados: violência
Roteiro de análise:

> Determinado vírus, responsável por uma das doenças mais temidas da humanidade, causando febres e liquefação hemorrágica dos órgãos internos, encontra-se circunscrito às regiões mais afastadas da selva africana. Cientistas temem que este vírus possa se espalhar pelo mundo todo, em parte por conta do desequilíbrio ambiental causado pela sociedade moderna. Se isto ocorrer, haveria uma das piores epidemias da História. Este é o cenário (fictício, mas não improvável) do filme que, embora se desenvolva como aventura sem maiores pretensões, pode ilustrar e provocar uma discussão sobre as novas doenças que vêm assustando a humanidade, suas causas e consequências.

- Quais as origens da epidemia, conforme o filme?

- Como se dá a expansão da doença e o contágio? Proponha uma comparação com epidemias recentes que têm atingido o Brasil (dengue, por exemplo).

- Discuta com a classe as políticas de incentivo ao desenvolvimento de vacinas e de controle sanitário mostradas no filme e compare com a realidade brasileira. (Atenção para os elementos exageradamente ficcionais, típicos do cinema hollywoodiano, que reduzem a complexidade e dificuldade das ações de combate a doenças.)

Caro diário (episódio: "Médicos")

Público-alvo: ensino médio
Área principal: cidadania
Cuidados: nenhum
Roteiro de análise:

> No terceiro episódio do filme *Caro diário*, o diretor italiano Nanni Moretti parte da sua própria experiência no tratamento de câncer linfático, descoberto depois de uma verdadeira maratona em vão de consultas, tratamentos e exames, para discutir a relação entre médicos e pacientes. O filme não aborda o problema em tom piegas ou melodramático; pelo contrário, utiliza-se do humor e da ironia, sem deixar de ser profundo. Toda a questão gira em torno da relação de poder estabelecida entre médicos e pacientes e na perda do contato humano mais fecundo no tratamento das doenças.

- Analise o sentido da frase dita no filme: "Os médicos falam muito mas ouvem pouco os seus pacientes".
- Proponha uma pesquisa e um debate sobre as várias terapias médicas mostradas no filme.

Kids

Público-alvo: ensino médio
Área principal: drogas/aids/orientação sexual
Cuidados: linguagem vulgar, violência,
sexualidade agressiva, drogas
Roteiro de análise:

> *Kids* é um filme polêmico sobre a vida de um grupo de adolescentes americanos, cujo comportamento padrão acaba

se refletindo em sociedades influenciadas pelos EUA (como a brasileira). O filme traça um retrato amoral e amargo de personagens sem rumo nem valores, que se dedicam apenas ao sexo, às drogas e ao entretenimento vazio. Em que pese o exagero e certo sensacionalismo na representação da juventude contemporânea, o filme pode gerar boas discussões sobre o cotidiano e os valores da juventude, com base em temas polêmicos como sexo, aids, violência e drogas.

- Discuta com a classe se o filme é sensacionalista ou se é um retrato realista da adolescência contemporânea.

- Compare este filme com outros que abordem o tema da adolescência e da iniciação sexual de forma diferenciada (por exemplo, *Verão de 42*).

- A partir das situações do filme, discuta com a classe as atitudes e os valores dos personagens.

- Refletir sobre o problema do vazio e da busca de sensações que ronda o cotidiano dos adolescentes. Analise suas causas e consequências.

ATIVIDADES ESPECIAIS BASEADAS NO CONTEÚDO, NA TÉCNICA OU NA LINGUAGEM

O cinema pode ser uma fonte de discussão interessante e rica para os cursos de formação de professores (magistério), pois inúmeros filmes dos mais variados países se inspiram no dia a dia do ambiente escolar e na relação professor-aluno para desenvolver seu argumento e roteiro. A seguir, algumas sugestões em três eixos de formação de professores.

DIDÁTICA

As peripécias de professores criativos e dedicados que conseguem ensinar com eficácia alunos desinteressados, rebeldes ou com deficiências de aprendizagem são um dos temas mais presentes no cinema. Quase sempre, no final dos filmes (ao contrário da vida real, infelizmente) os professores conseguem se impor pela amizade e camaradagem, sendo reconhecidos como "mestres" pelos seus alunos mais impertinentes. Desde o clássico *Ao mestre com carinho* até filmes mais recentes podem ser utilizados para gerar debates em sala de aula e comparações com experiências didático-pedagógicas reais. A representação fílmica dos alunos também é importante como elemento de reflexão, pois permitem o cotejo com tipos sociais e psicológicos semelhantes à realidade da sala de aula. Finalmente, um terceiro ponto de discussão são as estratégias do professor mostradas no filme, seus limites e suas eficácias. Em resumo, neste tipo de abordagem é importante que o professor enfatize os seguintes elementos do filme escolhido:

- Qual a origem da resistência do aluno à escola e seu consequente fracasso escolar mostrados no filme?

- Quais as estratégias didático-pedagógicas que diferenciam o professor-protagonista?

- Como é a relação do professor-protagonista com o currículo oficial e com os métodos tradicionais de ensino/aprendizagem?

- Quais os vários tipos de alunos mostrados no filme?

- Quais os limites e resultados das ações inovadoras do professor-protagonista?

FILMES SUGERIDOS

Conrack

Cuidados: nenhum

Um jovem professor de comportamento heterodoxo vai lecionar numa escola para negros, numa ilha da Carolina do Sul, no final dos anos 1960, tendo contato com uma realidade mais parecida com a de um país de Terceiro Mundo, com crianças carentes em todos os níveis. Apesar das dificuldades, ele tenta resgatar a autoestima e o potencial dos seus alunos, ao mesmo tempo que tenta inculcar neles um ensino humanista e universalizador. Bom filme para o professor discutir a questão do choque cultural, a relação da escola e do currículo escolar com o cotidiano de alunos socialmente carentes e a relação professor-aluno em situações de precariedade material e deficiência de recursos escolares. Baseado em fatos reais.

Ao mestre com carinho

Cuidados: nenhum

Professor negro vai lecionar numa escola pública inglesa, cuja clientela, oriunda das classes trabalhadoras, beira a delinquência juvenil. Pressionado por todos os lados e desafiado pelos alunos, ele deve reinventar as estratégias de ensino e conteúdos escolares. Um clássico do gênero.

Sociedade dos poetas mortos

Cuidados: conflito existencial e familiar agudo

Ao contrário dos filmes do gênero, este é ambientado em escola aristocrática da Nova Inglaterra, cuja tradição de preparar os membros da elite americana funciona como fonte de pressão sobre alunos e professores. Um professor de Literatura Inglesa, nada ortodoxo, consegue mostrar outros aspectos do conhecimento, trazendo enfoque mais humanista e criativo à relação ensino-aprendizagem.

PSICOLOGIA DA EDUCAÇÃO

Os filmes que enfatizam a relação entre ensino e aprendizagem também podem ser abordados em uma atividade mais direcionada para a percepção de tópicos e problemas relacionados à psicologia da educação: perfis psicológicos dos alunos, afetividade/agressividade, transferência, autoridade e rebeldia, crise de identidade e choque sociocultural, problemas de personalidade, sociabilidade escolar, mecanismos cognitivos diferenciados, imaginação e conhecimento, relação dos alunos com os pais etc. Existem filmes que abordam especificamente este tipo de relação, não apenas dentro do ambiente escolar clássico, mas também em situações psicossociais que envolvam crianças/adolescentes e adultos, em ambiente extraescolar. Os aspectos centrais das atividades, sem prejuízo das questões específicas que podem emergir de cada filme escolhido, são os seguintes:

- Qual a situação psicossocial ou psicológica específica do personagem – criança ou adolescente – em situação de aprendizado ou processo de formação?

- Como é a relação entre o polo formado pelo(s) personagem(s) do educando (crianças/adolescentes) e o polo formado pelos personagens educadores (pais, psicólogos ou professores)? Existe conflito ou harmonia inicial entre os dois polos?

- Quais os conflitos internos do polo de personagens crianças e/ou adolescentes? Quais as dificuldades específicas em relação à aprendizagem, individuação autônoma e formação moral?

- Quais as estratégias do polo adulto/educador do filme para se impor diante do educando? Quais as crises e os conflitos específicos deste polo?

FILMES SUGERIDOS

Gênio indomável

Cuidados: nenhum

> Jovem genial, mas pobre e sem perspectivas, faz terapia com um psicólogo. No começo, é agressivo e irônico com o educador/psicólogo, mas no desenrolar do filme aprende a respeitá-lo. O filme pode ser interessante para o futuro professor, pois enfoca um perfil de educando pouco comum: socialmente rebelde, emocionalmente infantil, mas com alta capacidade intelectual.

Caro diário (episódio: "Ilhas")

Cuidados: nenhum

> O segundo episódio do filme *Caro diário* aborda a relação entre pais e filhos, questionando a criação superprotetora dos filhos de classe média (no caso, italiana; podemos aplicar, em parte, à classe média brasileira). O diretor assume

uma postura bastante irônica e, ao mesmo tempo, escapa dos lugares-comuns psicológicos e pedagógicos sobre a relação entre pais e filhos e a educação de crianças em sociedades ocidentais modernas.

Nell

Cuidados: nenhum

Nell aborda um tema clássico dos cursos de psicologia, ainda que radical e raro: crianças criadas em situação de isolamento absoluto e fora do ambiente escolar, que não desenvolvem regras de sociabilidade e recursos de linguagem socialmente vigentes. A personagem-título é uma mulher de trinta anos, criada por uma avó surda-muda, que é alvo do tratamento de dois psicólogos/educadores, cada qual querendo impor seus valores no processo de inserção da moça na sociedade.

AMBIENTE ESCOLAR E CONTEXTO SOCIAL/HISTÓRICO

Finalmente, o terceiro grupo de filmes sobre professores e alunos tende a enfocar o ambiente escolar e o contexto social imediato que cerca a escola representada (novamente, alertamos que este elemento pode estar presente nos tipos de filmes anteriores), servindo para desenvolver atividades que obrigam os alunos de magistério a refletir sobre a inserção social, cultural e histórica da instituição escolar numa sociedade e num tempo específicos. Para estes filmes, os pontos centrais a ser trabalhados poderiam ser os seguintes:

- Qual o contexto social e histórico específico representado no filme? Caso a história se passe em países estrangeiros, compare com a realidade brasileira vivenciada pelo público-alvo da atividade.

- Quais as funções, os limites e as contradições da instituição escolar e da atividade de magistério mostrados no filme?

- Como se dá a relação dos professores, individualmente, com o sistema de ensino como um todo, sobretudo com a burocracia?

- Quais os problemas mostrados no filme, no tocante à estrutura e ao funcionamento da escola e do sistema escolar?

- Como os problemas sociais e os eventos históricos mostrados interferem na vida da escola, dos professores e dos alunos?

FILMES SUGERIDOS

Anjos do arrabalde

Cuidados: sexualidade encenada, violência sexual, violência

Belo e sensível filme brasileiro, um dos poucos em nosso cinema a abordar o dia a dia de professoras numa escola da periferia de São Paulo. O entorno social e o ambiente escolar, incluindo os problemas de relacionamento das professoras entre si, são abordados de maneira realista porém nunca vulgar. O filme mostra as dificuldades do exercício do magistério no Brasil contemporâneo, em meio ao processo de pauperização financeira e intelectual do professor e à desagregação social das grandes cidades brasileiras.

Ao mestre com carinho

Veja sinopse citada anteriormente.

Nenhum a menos

Cuidados: nenhum

Uma professora jovem e inexperiente, praticamente adolescente, vai lecionar em escola sem recursos, numa comunidade camponesa no interior da China. Além de enfrentar muitas dificuldades de ordem disciplinar e didática em sala de aula, um dos alunos foge da escola. A jovem professora inicia uma verdadeira caçada ao menino, que acaba levando-a até a cidade grande. Sua perseverança e dedicação, basicamente emocionais e intuitivas, transformam-se em símbolo para a burocracia oficial e imprensa. Apesar do tom um pouco oficialesco, o filme é bastante poético e veicula problemas sociais e escolares muito parecidos com os de inúmeras comunidades brasileiras.

Professor: profissão perigo

Cuidados: violência

Um homem de meia-idade, desempregado, se vê obrigado a lecionar em escola da periferia de Paris, frequentada por imigrantes africanos e muçulmanos. Além de enfrentar o desinteresse e desencanto dos colegas professores, ele entra em conflito com alunos ligados às gangues juvenis vinculadas com o crime. Apesar dos inúmeros problemas, ele consegue administrar a situação e realizar um trabalho digno, estimulando os alunos mais interessados a prosseguir com os estudos.

DOCUMENTÁRIOS

Como o leitor já percebeu, este livro enfatiza muito mais o uso do cinema de ficção em sala de aula do que o filme documentário. Não apenas porque o primeiro exige mais cuidado na assimilação do seu conteúdo, mas também porque os procedimentos de análise são diferentes. O filme documentário, por outro lado, é gênero dos mais utilizados pelos professores, sendo muitas vezes tomado como ilustração inequívoca e realista de determinado assunto. Deve-se evitar tal pressuposto.

Isso não significa que os documentários sejam necessariamente falsificadores ou mistificadores do tema veiculado. Mas, como qualquer obra de arte, possuem abordagens e escolhas narrativas dos seus realizadores, que nunca conseguem abordar todas as variáveis de um tema ou fenômeno. Nessas abordagens e escolhas não interferem apenas elementos técnicos ou estéticos, mas também ideológicos. Por tudo isso, o professor deve buscar informações sobre outros enfoques possíveis (incluindo os cinematográficos) do tema em questão, além de buscar informações básicas sobre o diretor e a vinculação institucional do documentário (qual país, estúdio ou empresa o produziu, qual tipo de assessoria acadêmica ou científica atuou, qual a veracidade dos dados e das imagens veiculadas). Durante a atividade, o professor deve ficar atento a recursos expressivos de câmera, texto, trilha sonora, fotografia e montagem, pois implicam o direcionamento do olhar do espectador para determinados efeitos e certas leituras sugeridas pelo diretor. Um aspecto importante ao qual o professor deve estar atento é se o documentário foi feito com imagens de arquivo de outros filmes ou com imagens registradas diretamente pela equipe realizadora. No primeiro caso, o diretor trabalha com material que, originalmente, poderia ter outro sentido e contexto. No segundo, como ocorre nos documentários de caráter jornalístico, as imagens serviram para figurar no documentário em questão.

A seguir algumas áreas e alguns temas que têm mais possibilidade de uso em documentários:

- História: área abundante em títulos. Existem não apenas filmes feitos para o cinema mas também filmes produzidos por canais educativos e comerciais. Canais a cabo, como o Discovery Channel, BBC ou National Geographic costumam transmitir séries e documentários avulsos sobre temas históricos, particularmente ligados à História Antiga, Medieval e às civilizações pré-colombianas. Outro tema bastante divulgado por esses canais é relacionado à história militar, especialmente filmes sobre a Segunda Guerra Mundial e a Guerra do Vietnã. O professor deve ficar atento nestes casos, pois os filmes são produzidos por países (EUA e Inglaterra, quase sempre) que tomaram parte diretamente nos conflitos.

- Mundo animal (Biologia): também bastante presente em documentários televisuais e cinematográficos. Neste campo, novamente se destacam National Geographic e Discovery Channel. Este tipo de filme costuma exigir grande experiência em filmagens na natureza e equipamento técnico altamente sofisticado, pois deve colocar o espectador em contato direto com o cotidiano do mundo animal em seu próprio *habitat*, muitas vezes praticamente inacessível. Insetos e predadores do mar e da terra são as principais estrelas. O professor deve tomar cuidado com alguns títulos que transferem para o mundo animal certos valores e certas atitudes tipicamente humanos, caindo em certa abordagem sensacionalista. Os documentários tipo "natureza cruel", sobre predadores em ação, são exemplo deste tipo de abordagem. Às vezes, eles pouco contribuem para ensinar e visam muito mais chocar o espectador. O professor deve ficar muito atento ao tipo de documentário e à abordagem, adequando-o à faixa etária do público-alvo e aos objetivos da atividade.

- Natureza/ecologia (Biologia): outro tipo de documentário muito utilizado em sala de aula é aquele sobre o meio ambiente, abordado com um olhar ecológico. Tais documentários são bem interessantes para demonstrar a cadeia vital e a interdependência das espécies animais e vegetais em determinada região (Fernando de Noronha, Abrolhos) ou em ecossistema amplo (Amazônia, Pantanal etc.). São bons complementos para viagens de estudo, além de ser produzidos por redes de televisão nacionais, gerando filmes e programas de média-metragem (30 min. a uma hora) de alta qualidade artística e técnica. A maioria dos bons documentários sobre natureza produzidos no Brasil se encontra disponível em videolocadoras ou está acessível nas próprias emissoras, tanto para compra como para gravação. Este tipo de filme articula o ecossistema em questão, a ocupação humana e a vida animal, permitindo abordagem interdisciplinar, incluindo Geografia, Biologia e História.

- Viagens/lugares (Geografia): documentários sobre viagens e lugares do mundo (cidades, países, sítios históricos) também têm lugar de destaque não apenas na televisão, mas também na produção cinematográfica. O problema é que a maioria dos documentários e das reportagens com fins turísticos costuma ser muito superficial e cheia de lugares-comuns. A única exceção é a série *Planeta Solitário*, ou *Mochileiros* (duas traduções para a mesma série: *Lonely Planet*), produzida por uma das maiores editoras de turismo do mundo e veiculada pelos canais a cabo no Brasil. Esta série, mesmo direcionada para turistas e viajantes, tem roteiro de ótima qualidade, que não se limita a mostrar as belezas naturais, os pratos típicos e os bons hotéis do lugar em questão, mas consegue chegar perto de uma verdadeira abordagem antropológica, mostrando as pessoas comuns e seus costumes. Muito similar à série brasileira *Programa Legal*, outro exemplo de documentários de média-metragem sobre lugares que possui abordagem antropológica e linguagem visual muito sofisticada (verificar na Rede Globo ou no Canal Futura a disponibilidade de acesso aos programas). A TV Cultura de São Paulo também produziu programas memoráveis sobre regiões distantes do Brasil e do mundo, até mesmo sobre aspectos pouco conhecidos de cidades como São Paulo (veja os programas *Caminhos e Parcerias* e *Programa Eco*). O professor que tiver acesso à TV a cabo deve ficar atento, pois este gênero de programa é dos mais presentes na grade de programação. Muitos documentários longa-metragem para cinema abordam este tipo de tema, mas não são muito comuns.

- Temas atuais/sociais (temas transversais): as várias áreas de temas transversais podem desenvolver atividades com base em reportagens especiais e documentários feitos para a TV (em sua maioria), que costumam abordar questões contemporâneas e temas que ocupam a agenda social, cultural e política. Temas como violência urbana, drogas, sexualidade, comportamento e trabalho são os mais presentes. Novamente, o professor deve ficar muito atento e ser bastante crítico antes de exibir algo desse tipo em classe, pois a abordagem pode ser excessivamente parcial e ideológica, na medida em que temas contemporâneos implicam tomadas de posição mais contundentes e parciais, tanto dos donos das empresas, produtores dos filmes, quanto dos próprios realizadores. Poucos diretores conseguem mostrar a complexidade que envolve os problemas e as variáveis que dificultam sua resolução. As reportagens de TVS abertas, voltadas para o grande público consumidor de telejornais, são as mais problemáticas, pois quase sempre se aproximam do sensacionalismo e da confirmação da opinião pública, evitando problematizar a abordagem.

DESENHOS ANIMADOS

Os desenhos animados, gênero também não enfatizado neste livro, podem gerar atividades interessantes voltadas sobretudo para as faixas etárias menores. Apesar disso, o professor deve ter algum cuidado na escolha e abordagem deste material, pois certos desenhos são mais adequados para o público infanto-juvenil (14 a 16 anos) ou mesmo jovem-adulto (16 a vinte anos). Os desenhos feitos especialmente para o cinema formam um gênero dos mais lucrativos para os estúdios, e regularmente tornam-se grandes sucessos de bilheteria. Os estúdios Walt Disney e DreamWorks têm se destacado na última década como os dois maiores celeiros de filmes de animação. A Disney, nome sinônimo de desenho animado, mantém a tradição dos filmes que marcaram o cinema desde os anos 1930 (*A bela adormecida*, *Fantasia* e *Branca de Neve*), veiculando fábulas infantis clássicas com enfoque lírico, ou então entrando no campo da aventura (*O rei leão*, *A pequena sereia*, *Tarzan* e *Mulan*), que aborda temas mais adultos, tais como as relações sociais de trabalho (*A fuga das galinhas* e *FormiguinhaZ*), sátiras (*Shrek*) ou históricos (*O príncipe do Egito*). A 20th Century Fox recentemente fez uma incursão bem-sucedida nessa área (*Anastásia*).

Em linhas gerais, podemos sugerir que o professor utilize os filmes da Disney acima citados para as faixas etárias menores (o grupo de 7 a 11 anos), pois as narrativas são mais fabulosas, não dependem tanto da trama ou dos diálogos e apresentam bom equilíbrio entre cor, som e movimento. O enfoque pode ser em torno dos conteúdos atitudinais dos personagens centrais (amizade, ética, respeito, honestidade, solidariedade etc.). Outras atividades podem ser desenvolvidas com base na narrativa da fábula (reelaborando oralmente a história do filme) e estimulando as habilidades artísticas das crianças (desenhando cenários e personagens do filme). Por exemplo, *Fantasia* (Walt Disney), feito em 1940, continua sendo referência de animação, apresentando trechos de música erudita como trilha sonora de movimentos de luzes, personagens e objetos. Pode ser uma boa introdução para músicas consideradas "difíceis" para crianças, desmistificando a música erudita e aproximando-a dos mais novos.

Já os filmes da DreamWorks acima citados devem ser trabalhados a partir dos 12 anos, pois apresentam trama mais complexa e abordam temas de recorte sociológico ou histórico. As atividades devem se concentrar na percepção dos valores e das situações vividas pelos personagens e na transposição de questões sociais e humanas para seres fantásticos ou para o mundo animal. No caso de *FormiguinhaZ* é preciso ter certo cuidado com a crítica social e política veiculada pelo filme. A princípio, parece uma crítica à alienação e opressão da sociedade contemporânea como um todo, mas, para olhos mais atentos, é possível perceber que o verdadeiro alvo da crítica são as sociedades socialistas de tipo coletivista e autoritária; portanto, o filme reforça os valores liberais hegemônicos no mundo atual. A cena em que as formiguinhas dançam *Guantanamera*, um dos hinos da revolução cubana, é sintomática, revelando quais as mensagens subliminares do desenho. Apesar disso, o filme pode gerar debates interessantes sobre a exploração do trabalho e opressão do indivíduo.

Anastásia, em que pese o enfoque biográfico do filme, parte de uma situação gerada pela Revolução Russa (1917) e veicula uma leitura liberal e contrarrevolucionária, simplificando os motivos que levaram à morte a família real russa, transformada em "vítima da História", sem maiores contextualizações. Mesmo que o debate em classe conduza ao "julgamento" das ações dos revolucionários, é preciso que o professor forneça elementos históricos mais críticos (mesmo sem justificar a violência política) antes de qualquer veredicto simplificado.

Não se trata de retomar a paranoia crítica da esquerda, muito comum nos anos 1960 e 1970, em que tudo era visto como "conspiração imperialista". Apenas alertamos que os desenhos animados, só porque se destinam preferencialmente às crianças, não têm obrigatoriamente conteúdo ideológico neutro. O professor deve ficar atento às abordagens e aos conteúdos factuais, conceituais e atitudinais veiculados pelos filmes de animação, discutindo-os em classe, desde que sejam respeitados o nível escolar e a faixa etária dos alunos.

LÓGICA E RACIOCÍNIO

Os filmes policiais aqui tratados, quando explorados em sala de aula, podem fornecer diversos exercícios de lógica e raciocínio. O problema com este gênero é o excesso de imagens violentas e impressionantes, cadáveres e mutilações de todo tipo praticadas por *serial killers* cheios de estilo e crueldade, um tipo de personagem que tomou conta do cinema americano a partir do final dos anos 1980, com o sucesso de *Silêncio dos inocentes* (1991). As imagens veiculadas, cujo realismo na maioria das vezes beira o grotesco e o apelativo, desaconselham seu uso em sala de aula, mesmo com alunos do ensino médio, pois podem trazer problemas para o professor, gerando reações por parte dos pais. O leitor pode argumentar que este tipo de filme é visto em casa e no cinema, até mesmo por alunos menores, mas a escola não deve chancelar pedagogicamente este tipo de abordagem fílmica apelativa, apesar da boa qualidade artística de muitos deles.

Infelizmente, o cinema perdeu o interesse pelas tramas policiais apoiadas no raciocínio lógico e coerente dos detetives que devem descobrir "quem é o assassino", e tem se preocupado mais em veicular imagens extremamente grotescas e tipos psicopatológicos inteligentes e sedutores. Mas alguns filmes escapam desta abordagem, podendo ser utilizados (com certo cuidado) em atividades para desenvolver o raciocínio, a observação empírica e a articulação lógica: os filmes antigos de Sherlock Holmes (alguns deles disponíveis em catálogo), muitos filmes de Alfred Hitchcock, sempre sutis e elegantes (*Festim diabólico*), *O nome da rosa* e *Nove rainhas* (já citados anteriormente), por exemplo. Infelizmente, um dos melhores filmes para exemplificar e acompanhar o raciocínio lógico-dedutivo que conduz a trama não está disponível em DVD: *O dia do Chacal*, de Fred Zinnemann, de 1973 (não confunda com a segunda versão, com o ator Bruce Willis). Neste filme, um grupo de policiais deve descobrir a identidade e a hora exata que um assassino profissional deverá atuar e, obviamente, impedi-lo, partindo apenas do seu codinome ("Chacal").

ATIVIDADES DE INICIAÇÃO NA LINGUAGEM CINEMATOGRÁFICA

Esta atividade visa exercitar o olhar de alunos, mais novos e mais velhos, na linguagem própria do cinema. Escolha filmes que possam levar o aluno a acompanhar o próprio processo de elaboração de um filme. Peça-lhes que identifiquem a trama, o desenvolvimento do roteiro, a construção dos personagens, os gêneros cinematográficos e os recursos básicos, incluindo truques de câmera e efeitos especiais. Sugerimos dois filmes:

História sem fim (para crianças)

Um garoto se refugia num sótão para fugir dos seus colegas de classe que queriam espancá-lo e encontra um estranho livro. Ao começar a lê-lo, o menino percebe que a trama só se desenvolve conforme ele libera sua fantasia sobre os personagens e as situações da fábula. Procure discutir com os alunos como o filme mostra a interatividade do leitor/personagem com a trama do livro/filme.

O jogador (para adolescentes)

O filme *O jogador*, de Robert Altman, é uma crítica muito engraçada da indústria cinematográfica hollywoodiana. Ele conta a história de um produtor ambicioso e sua relação com diretores, roteiristas, atores e atrizes. Paralelamente à trama de assassinato, o filme mostra como se produz um filme e as transformações e interferências que ocorrem, da ideia original para o resultado final, por motivos comerciais.

ESTUDOS ESPECIAIS INTEGRADOS

Finalmente, sugerimos um conjunto de atividades com o cinema em sentido amplo, que podem ser desenvolvidas de maneira interdisciplinar e integrada, explorando vários aspectos envolvidos no filme, não apenas enquanto produto artístico, mas sobretudo enquanto processo técnico, cultural e comercial. Revistas e *websites* especializados em cinema, vídeos de *making of* (bastidores e processos de filmagem) e visitas a cinematecas e museus da imagem e do som são materiais e atividades complementares importantes para este tipo de abordagem do cinema na escola. Basicamente, propomos dois tipos de atividade:

a) Partindo do fenômeno sociocultural do cinema, em sentido amplo, os professores poderão desenvolver atividades integradas em várias disciplinas:

- História: como os profissionais responsáveis pesquisaram personagens e épocas, reconstituindo figurinos e cenários históricos; como as instituições responsáveis preservam a memória do cinema.

- Geografia: como os filmes são distribuídos em mercados globalizados; quais as estratégias dos produtores para vender seus filmes ao redor do mundo; qual a participação do cinema na economia nacional e na mundial.

- Português e Redação: análise do roteiro e dos diálogos enquanto elementos textuais. Muitos roteiros podem ser adquiridos na *internet* ou comprados na forma de livros.

- Educação Artística: análise da cor, trilha sonora, textura fotográfica, dos cenários e figurinos.

- Educação Física: estudos sobre a expressão corporal dos atores; sobre coreografias de danças e lutas.

- Informática: estudos sobre os efeitos especiais, os processos digitais de edição e o tratamento de imagem.

- Língua Estrangeira: estudos sobre a tradução, com base nas legendas e palavras que aparecem nas imagens.

- Matemática: orçamento, lucros e prejuízos alcançados pelo filme; como se calcula o faturamento de um filme.

- Química: revelação, processamento, conservação e restauração da película de celuloide.

- Física: fenômenos de luz, som e movimento que permitem a experiência do cinema, bem como os processos analógicos e magnéticos que permitem a gravação de filmes em fitas de vídeo.

- Biologia: filmagens em cenários naturais; tratamento de bichos utilizados nos filmes; impacto ambiental dos *sets* de filmagem.

b) Outra possibilidade de atividade integrada e multidisciplinar é escolher um filme específico e abordar o seu conteúdo e a sua linguagem com vários enfoques disciplinares. Esta atividade pode ser desenvolvida na forma de simpósio de professores, cada qual apresentando o filme conforme sua disciplina ou na forma de painel, revista ou *website* elaborado pelos alunos, em grupos. O professor e os alunos podem pesquisar e descobrir vários filmes, aqui citados ou não, para este tipo de abordagem total. Tomemos como exemplo *Náufrago*, de Robert Zemeckis, com Tom Hanks.

Náufrago

Público-alvo: ensino fundamental e ensino médio
Área principal: abordagem interdisciplinar
Cuidados: nenhum

Roteiro de análise:

Chuck Noland (Tom Hanks) é inspetor da Federal Express (FedEx), multinacional encarregada de enviar cargas e correspondências. Por causa da natureza da sua função, Noland viaja muito, para lugares distantes, a qualquer hora e época do ano. Em uma de suas viagens de avião ocorre um acidente que o deixa preso em uma ilha completamente deserta, por quatro anos. A maior parte do filme mostra a luta de Noland para sobreviver, tanto física quanto psicologicamente.

Algumas possibilidades de atividades, por disciplina:

- História: pesquisar histórias de naufrágios e sobrevivências forçadas em ilhas desertas e ambientes "selvagens", particularmente na época clássica da navegação transoceânica (Atlântico e Pacífico), entre os séculos XVI e XVIII. Por exemplo, o livro de Daniel Defoe, *Robinson Crusoé*, de 1719, foi baseado num caso real, vivido por Alexander Selkirk, que ficou quatro anos numa ilha. No Brasil, sabemos que ocorreram muitos casos semelhantes de náufragos e degredados, durante as primeiras navegações na costa.

- Geografia: 1) Logo que chega à ilha, o personagem Chuck Noland tenta se localizar e ter uma dimensão do espaço. Para tal, sobe num pico e olha ao redor. Com base nesta cena, peça aos alunos que desenhem um mapa aproximado da ilha do filme; 2) Sabemos que Noland está perdido numa ilha minúscula no Oceano Pacífico. Com base nos dados fornecidos pelo cenário natural do filme, proponha que os alunos tentem descobrir a localização possível (latitude e longitude) da ilha; 3) Valendo-se do filme, discuta o processo de globalização econômica capitalista dos anos 1990.

- Português/Redação: 1) Faça uma resenha do filme; 2) Imagine-se em situação similar à mostrada no filme e elabore um "diário de náufrago"; 3) Apesar de não ter ninguém para conversar ou ler suas mensagens, Noland fala e escreve ao longo do filme. Com base nas cenas em que isto se verifica, discuta as várias funções e formas de linguagem (oral e escrita).

- Educação Física: 1) O náufrago tem uma grande modificação em seu corpo, ao longo do filme (Tom Hanks teve que perder mais de vinte quilos para interpretar a segunda parte da história). Discuta com os alunos a cultura corporal em situações extremas de sobrevivência, partindo dos elementos mostrados.

- Educação Artística: 1) No seu longo período de isolamento, Noland tinha necessidade de se expressar por meio do desenho. Discuta esta necessidade humana, tendo como base as figuras mostradas no filme; 2) Trace um paralelo entre os desenhos de Noland na sua caverna-refúgio e a arte rupestre pré-histórica; 3) O "personagem" Wilson é fundamental no filme. Muitos espectadores o acharam extremamente simpático e carismático. Desenvolva uma série de atividades analisando a figura e o objeto que constituem esteticamente este "personagem".

- Informática: as seguintes cenas são produtos de efeitos digitais: 1) quando Noland olha para baixo, num penhasco; 2) as cenas da jangada, quando o náufrago consegue escapar da ilhota. Analise o processo de digitalização e a superposição figura/fundo que o computador permite, dando efeito de realismo em cenas totalmente artificiais, rodadas em estúdio.

- Matemática: Noland, o náufrago, faz três cálculos matemáticos ao longo do filme: 1) Logo no início do seu naufrágio, quando ele tenta calcular sua posição geográfica, o raio de ação e a área que deveria ser coberta pelas buscas ao avião caído, usando o valor π; 2) Para calcular a passagem do ano e saber em qual mês se encontra, ele desenha no chão da caverna-refúgio uma linha de calendário celeste, aproveitando o raio de sol que entrava a cada manhã; 3) Para construir sua jangada, ele calcula quantos metros de corda iria precisar para amarrar os troncos. Com base nas três cenas, discuta com os alunos o conteúdo e as operações matemáticas utilizadas.

- Química: 1) Apesar de estar cercado de água, o náufrago tem muita sede. Pesquisar qual a composição da água do mar e por que ela é imprópria para matar a sede; 2) As reações que ela causa no organismo humano, se ingerida.

- Física: 1) Explicar como o pequeno bote que Noland consegue salvar do desastre aéreo não afundou, "surfando" na crista das enormes ondas, durante a tempestade; 2) Como Noland consegue fazer fogo; 3) O personagem tenta, por duas vezes, vencer as enormes ondas que se formavam perto da orla da ilha. Do ponto de vista físico, explique o fracasso da primeira tentativa e o sucesso da segunda; 4) Explique o movimento das ondas e por que, conforme o filme, as ondas mais distantes da praia são justamente as maiores.

- Biologia: 1) Mesmo sendo o único habitante da ilha deserta, Noland causa razoável impacto ambiental. Selecione as cenas em que isto fica evidente e discuta com os alunos; 2) Com base nos elementos do cenário natural do filme, discuta o possível ecossistema da ilha; 3) Quando o personagem consegue fugir da ilha, em sua jangada improvisada, já em alto-mar, ele passa a ser seguido por um animal marinho. Identifique este animal e discuta o seu comportamento (perceba que é este animal que, constantemente, borrifa água do mar no rosto de Noland, para que ele não morra, até ser resgatado pelo navio); 4) Quais as mudanças no corpo e no organismo humano quando submetido a experiências de privação, dor e sobrevivência, similares àquelas mostradas no filme.

- Temas transversais: 1) Logo no início do filme, Noland é interrompido em sua ceia de Natal, em Memphis (EUA), convocado pela empresa para fiscalizar um escritório do outro lado do mundo. Discuta as novas exigências do mundo do trabalho, na era da globalização e seu impacto na vida moderna (Trabalho); 2) Podemos dizer que o náufrago, para sobreviver, teve que reproduzir todos os vários estágios históricos e culturais pelos quais a humanidade passou nos últimos quinhentos mil anos (conseguir alimento, inventar utensílios, descobrir o fogo, produzir símbolos etc.). Com base nas cenas do filme, faça uma lista (ou peça para os alunos) tanto dos objetos e rituais da "cultura" quanto dos utensílios que o aproximam da "civilização" (Cultura); 3) Como uma experiência de privação, dor e luta pela sobrevivência, tal como aquela vivida pelo personagem do filme, pode afetar a saúde do corpo e da mente (Saúde).

ANEXO 1: FILMES

FICHAS TÉCNICAS DOS FILMES CITADOS NAS ATIVIDADES

1. "Ilhas" (ver Caro diário)

2. 2001, UMA ODISSEIA NO ESPAÇO. Stanley Kubrick (dir.). EUA: Warner, 1968. 1 filme (149 min.), son., col. [Título original: *2001 – A space odissey*. Baseado na obra de Arthur Clarke]. Leg. português.

3. ADIVINHE QUEM VEM PARA O JANTAR. Stanley Kramer (dir.). EUA: LKTel/Columbia, 1967. 1 filme (103 min.), son., col. [Título original: *Guess who's coming to dinner*]. Leg. português.

4. AGONIA E ÊXTASE. Carol Reed (dir.). EUA: AbrilVídeo/Fox, 1965. 1 filme (134 min.), son., col. [Título original: *The agony and the ecstasy*. Baseado em obra de Irving Stone]. Leg. português.

5. AMADEUS. Milos Forman (dir.). EUA: Condor Vídeo, 1984. 1 filme (158 min.), son., col. [Título original: *Amadeus*. Baseado na obra de Peter Schaffer]. Leg. português.

6. AMISTAD. Steven Spielberg (dir.). EUA: CIC, 1997. 1 filme (154 min.), son., col. [Título original: *Amistad*]. Leg. português.

7. AMOR E CIA. Helvécio Ratton (dir.). Brasil: Filmark, 1998. 1 filme (100 min.), son., col. Baseado em obra de Eça de Queiroz.

8. ANJOS DO ARRABALDE. Carlos Reichenbach Filho (dir.). Brasil: Reserva Especial, 1987. 1 filme (104 min.), son., col.

9. ANNA, DOS SEIS AOS DEZOITO. Nikkita Mikhalkov (dir.). Rússia: Flashstar, 1993. 1 filme (100 min.), son., col. [Título original: *Anna: ot shesti do vosemnadtsati*]. Leg. português.

10. APOLO 13. Ron Howard (dir.). EUA: Universal, 1995. 1 filme, son., col. [Título original: *Apollo 13*]. Leg. português.

11. AUTO DA COMPADECIDA. Guel Arraes (dir.). Brasil: Columbia Tristar, 2000. 1 filme (104 min.), son., col. Baseado na obra de Ariano Suassuna.

12. BATALHA DE ARGEL. Gillo Pontecorvo (dir.). Argélia/Itália: Globo Vídeo, 1965. 1 filme (115 min.), son., col. [Título original: *La bataglia di Algeri*]. Leg. português.

13. BICHO DE SETE CABEÇAS. Laís Bodanski (dir.). Brasil: Columbia, 2001. 1 filme (88 min.), son., col.

14. BILLY ELLIOT. Stephen Daldry (dir.). Inglaterra: Universal, 2000. 1 filme (100 min.), son., col. [Título original: *Billy Elliot*]. Leg. português.

15. BLADE RUNNER – O CAÇADOR DE ANDROIDES. Ridley Scott (dir.). EUA: Warner, 1982. 1 filme (118 min.), son., col. [Título original: *Blade Runner*]. Leg. português.

16. BRINCANDO NOS CAMPOS DO SENHOR. Hector Babenco (dir.). EUA: Condor, 1991. 1 filme (187 min.), son., col. [Título original: *At play in the fields of the Lord*]. Leg. português.

17. CARLOTA JOAQUINA – PRINCESA DO BRASIL. Carla Camurati (dir.). Brasil: Europa/Carat, 1994. 1 filme (100 min.), son., col.

18. CARO DIÁRIO. Nani Moretti (dir.). Itália: PlayArte/LookFilmes, 1993. 1 filme (100 min.), son., col. [Título original: *Caro diario*]. Leg. português.

19. CARRUAGENS DE FOGO. Hugh Hudson (dir.). Inglaterra: Abril Vídeo/Fox, 1981. 1 filme (123 min.), son., col. [Título original: *Charriots of fire*]. Leg. português.

20. CENTRAL DO BRASIL. Walter Salles Jr. (dir.). Brasil: Europa/Carat, 1998. 1 filme (112 min.), son., col.

21. CÉU DE OUTUBRO. Joe Johnston (dir.). EUA: CIC, 1999. 1 filme (114 min.), son., col. [Título original: *The october sky*]. Leg. português.

22. CONCORRÊNCIA DESLEAL. Ettore Scola (dir.). Itália: Warner, 2000. 1 filme (106 min.), son., col. [Título original: *Concorrenza sleale*]. Leg. português.

23. COMO ERA GOSTOSO MEU FRANCÊS. Nelson Pereira dos Santos (dir.). Brasil: Sagres/Rio Filme, 1971. 1 filme (91 min.), son., col.

24. CONRACK. Martin Ritt (dir.). EUA: Fox, 1973. 1 filme (111 min.), son., col. [Título original: *Conrack*]. Leg. português.

25. COSTA DO MOSQUITO. Peter Weir (dir.). EUA: Condor Vídeo, 1986. 1 filme (118 min.), son., col. [Título original: *The Mosquito Coast*. Baseado em obra de Paul Theroux]. Leg. português.

26. CRIMES E PECADOS. Woody Allen (dir.). EUA: Flashstar, 1989. 1 filme (104 min.), son., col. [Título original: *Crimes and misdemeanors*]. Leg. português.

27. CYRANO. Jean-Paul Rappeneau (dir.). França: LKTel/20.20Vision, 1990. 158 min., son., col. [Título original: *Cyrano de Bergerac*. Baseado na obra de Edmond Rostand]. Leg. português.

28. DANTON – O PROCESSO DA REVOLUÇÃO. Andrzej Wajda (dir.). França/Polônia: Pole Vídeo, 1982. 1 filme (131 min.), son., col. [Título original: *Danton*]. Leg. português.

29. DERSU UZALA. Akira Kurosawa (dir.). Japão/URSS: Continental, 1975. 1 filme (135 min.), son., col. [Título original: *Dersu Uzala*]. Leg. português.

30. DEUSES E MONSTROS. Bill Condon (dir.). EUA: Alpha Filmes. 1 filme (105 min.), son., col. [Título original: *Gods and monsters*]. Leg. português.

31. DOMÉSTICAS – O FILME. Nando Olival & Fernando Meirelles (dir.). Brasil: 2001. Baseado em peça teatral de Renata Melo.

32. DOZE MACACOS. Terry Gilliam (dir.). EUA: CIC, 1995. 1 filme (129 min.), son., col. [Título original: *12 Monkeys*]. Leg. português.

33. DURO DE MATAR. John McTiernan (dir.). EUA: Abril Vídeo/CBSFox. 1 filme (129 min.), son., col. [Título original: *Die Hard*]. Leg. português.

34. ELES NÃO USAM BLACK-TIE. Leon Hirszman (dir.). Brasil: Globo Vídeo, 1981. 1 filme (115 min.), son., col. Baseado em obra de Gianfrancesco Guarnieri.

35. EPIDEMIA. Wolfgang Petersen (dir.). EUA: Warner, 1994. 1 filme (128 min.), son., col. [Título original: *Outbreak*]. Leg. português.

36. ERIN BROCKOVICH – UMA MULHER DE TALENTO. Steven Soderbergh (dir.). EUA: Columbia Tristar, 2000. 1 filme (131 min.), son., col. [Título original: *Erin Brockovich*]. Leg. português.

37. UM ESTRANHO NO NINHO. Milos Forman (dir.). EUA: Condor, 1975. 1 filme (129 min.), son., col. [Título original: *One flew over the cuckoo's nest*]. Leg. português.

38. FAÇA A COISA CERTA. Spike Lee (dir.). EUA: CIC, 1989. 1 filme (120 min.), son., col. [Título original: *Do the right thing*]. Leg. português.

39. FANTASIA. Bem Sharpman (dir.). EUA: Buena Vista/Walt Disney, 1940. 1 filme (116 min.), son., col. [Título original: *Fantasia*. Direção musical: Leopold Stokowski]. Leg. português.

40. FARGO – UMA COMÉDIA DE ERROS. Joel Coen (dir.). EUA: Top Tape, 1996. 1 filme, son., col. [Título original: *Fargo*]. Leg. português.

41. FILADÉLFIA. Jonathan Demme (dir.). EUA: LKTel/Columbia, 1995. 1 filme (125 min.), son., col. [Título original: *Philadelphia*]. Leg. português.

42. FORMIGUINHAZ. Eric Darnell & L. Guterman (dir.). EUA: DreamWorks/CIC, 1998. 1 filme (82 min.), son., col. [Título original: *AntZ*]. Leg. português.

43. FUGA DAS GALINHAS. EUA: Universal/DreamWorks, 2000. 1 filme (84 min.), son., col. [Título original: *Chicken Run*]. Leg. português.

44. GABRIELA. Bruno Barreto (dir.). Brasil/Itália: Warner, 1983. 1 filme (102 min.), son., col. Baseado na obra de Jorge Amado.

45. GATTACA, EXPERIÊNCIA GENÉTICA. Andrew Nicol (dir.). EUA: Columbia Tristar, 1997. 1 filme (112 min.), son., col. [Título original: *Gattaca*]. Leg. português.

46. O GATO SUMIU. Cédric Klapisch (dir.). França: Lumière Home Vídeo, 1996. 1 filme (95 min.), son., col. [Título original: *Chacun cherche son chat*]. Leg. português.

47. GÊNIO INDOMÁVEL. Gus Van Saint (dir.). EUA: Paris Vídeo, 1997. 1 filme (126 min.), son., col. [Título original: *Good Will Hunting*]. Leg. português.

48. GERMINAL. Claude Berri (dir.). Bélgica/França/Itália: Cannes, 1993. 155 min., son., col. [Título original: *Germinal*. Baseado na obra de Émile Zola]. Leg. português.

49. GUERRA DE CANUDOS. Sergio Rezende (dir.). Brasil: Columbia Tristar, 1996. 1 filme (170 min.), son., col.

50. GUERRA DO FOGO. Jean-Jacques Annaud (dir.). Canadá/França: Abril/Vídeo, 1981. 1 filme (100 min.), son., col. [Título original: *Quest for fire*]. Leg. português.

51. HILLARY E JACKIE. Anand Tucker (dir.). Inglaterra: Buena Vista/ Hollywood, 1998. 132 min., son., col. [Título original: *Hillary and Jackie*]. Leg. português.

52. HISTÓRIA SEM FIM. Wolfgang Petersen, Alemanha/Inglaterra Warner, 1984, 94m. [Título original: *The Never Ending Story*]. Leg. português.

53. HOMEM DA CAPA PRETA. Sergio Rezende (dir.). Brasil: Manchete Vídeo, 1986. 1 filme, son., col.

54. HOMEM SEM SOMBRA. Paul Verhoeven (dir.). EUA: Columbia Tristar, 2000. 1 filme (113 min.), son., col. [Título original: *Hollow Man*]. Leg. português.

55. HORA DA ESTRELA. Suzana Amaral (dir.). Brasil: Transvídeo, 1985. 1 filme (96 min.), son., col. Baseado na obra de Clarice Lispector.

56. ILHA DAS FLORES. Jorge Furtado (dir.). Brasil: Sagres, 1988. Parte da coletânea *Curta os gaúchos.*

57. INCONFIDENTES. Joaquim Pedro de Andrade (dir.). Brasil: Sagres, 1972. 1 filme (100 min.), son., col.

58. INCRÍVEL EXÉRCITO DE BRANCALEONE. Mario Monicelli (dir.). Itália: Look Filmes, 1965. 1 filme (90 min.), son., col. [Título original: *L'armata Brancaleone*]. Leg. português.

59. INDEPENDÊNCIA OU MORTE. Carlos Coimbra (dir.). Brasil: Vídeo Arte, 1972. 1 filme (108 min.), son., col.

60. INOCÊNCIA. Walter Lima Jr. (dir.). Brasil: Globo Vídeo, 1983. 1 filme (115 min.), son., col. Baseado na obra de Visconde de Taunay.

61. INSTINTO. Jon Turteltaub (dir.). EUA: Buena Vista/Touchstone, 1998. 1 filme (127 min.), son., col. [Título original: *Instinct*]. Leg. português.

62. JEFFERSON EM PARIS. James Ivory (dir.). EUA: Abril Video/Touchstone, 1995. 140 min., son., col. [Título original: *Jefferson in Paris*]. Leg. português.

63. JOGADOR. Robert Altman (dir.). EUA: LKTel Vídeo, 1992. 1 filme (123 min.), son., col. [Título original: *The Player*]. Leg. português.

64. JOGOS DE GUERRA. John Badham (dir.). EUA: Warner, 1983. 1 filme (114 min.), son., col. [Título original: *War games*]. Leg. português.

65. KENOMA. Eliane Caffe (dir.). Brasil: Warner, 1998. 1 filme (111 min.), son., col.

66. KIDS. Larry Clark (dir.). EUA: Playarte, 1995. 1 filme (96 min.), son., col. [Título original: *Kids*]. Leg. português.

67. LAMARCA. Sergio Rezende (dir.). Brasil: Sagres, 1994. 1 filme (130 min.), son., col.

68. LANTERNAS VERMELHAS. Zhang Yimou (dir.). China/Hong Kong/ Taiwan: Cannes, 1991. 1 filme (125 min.), son., col. [Título original: *Dahong denglong gaogao gua*]. Leg. português.

69. LAVOURA ARCAICA. Luís Fernando de Carvalho (dir.). Brasil: Rio Filmes, 2001. 163 min., son., col.

70. LISTA DE SCHINDLER. Steven Spielberg (dir.). EUA: CIC, 1993. 2 filmes (195 min.), son., P&B. [Título original: *Schindler's List*]. Leg. português.

71. OS LOBOS NUNCA CHORAM. Carroll Ballard (dir.). EUA: Abril Vídeo/ Walt Disney, 1983. 1 filme, (105 min.), son., col. [Título original: *Never cry wolf*]. Leg. português.

72. MACUNAÍMA. Joaquim Pedra de Andrade (dir.). Brasil: Globo Vídeo, 1969. Baseado em obra de Mário de Andrade.

73. MAR EM FÚRIA. Wolfgang Petersen (dir.). EUA: Warner, 2000. 2 filmes (130 min.), son., col. [Título original: *The perfect storm*]. Leg. português.

74. MARVADA CARNE. André Klotzel (dir.). Brasil: Reserva Especial, 1985. 1 filme (80 min.), son., col.

75. MAUÁ – O IMPERADOR E O REI. Sergio Rezende (dir.). Brasil: Columbia Tristar, 1998. 1 filme (132 min.), son., col.

76. MEMÓRIAS DO CÁRCERE. Nelson Pereira dos Santos (dir.). Brasil: Sagres, 1984. 1 filme (124 min.), son., col. Baseado na obra de Graciliano Ramos.

77. MEMÓRIAS PÓSTUMAS DE BRÁS CUBAS. André Klotzel (dir.). Brasil: Lumière, 2001. 1 filme (101 min.), son., col. Baseado na obra de Machado de Assis.

78. MENINOS NÃO CHORAM. Kimberly Peirce (dir.). EUA: Fox, 1999. 1 filme, son., col. [Título original: *Boys don't cry*]. Leg. português.

79. MENTE BRILHANTE. Ron Howard (dir.). EUA: Universal, 2001. 1 filme, son., col. [Título original: *A beautiful mind*]. Leg. português.

80. MERA COINCIDÊNCIA. Barry Levinson (dir.). EUA: Warner, 1997. 1 filme (97 min.), son., col. [Título original: *Wag the dog*]. Leg. português.

81. AO MESTRE COM CARINHO. James Clavell (dir.). Inglaterra: Columbia Tristar, 1967. 1 filme (105 min.), son., col. [Título original: *To Sir with love*]. Leg. português.

82. MEU NOME É JOE. Ken Loach (dir.). Inglaterra: 1998. 1 filme, son., col. [Título original: *My name is Joe*]. Leg. português.

83. MEU PÉ ESQUERDO. Jim Sheridan (dir.). Irlanda: Miramax, 1989. 1 filme (103 min.), son., col. [Título original: *My left foot*]. Leg. português.

84. MINHA AMADA IMORTAL. Bernard Rase (dir.). EUA: Paris Vídeo, 1994. 1 filme (123 min.), son., col. [Título original: *Immortal beloved*]. Leg. português.

85. MINHA VIDA EM COR-DE-ROSA. Alain Berliner (dir.). França/Bélgica/Inglaterra: Alpha Filmes, 1997. 1 filme (90 min.), son., col. [Título original: *Ma vie en rose*]. Leg. português.

86. MISSÃO. Roland Joffé (dir.). EUA: Flashstar, 1986. 1 filme (121, min.), son., col. [Título original: *The Mission*]. Leg. português.

87. MONTANHAS DA LUA. Bob Rafelson (dir.). EUA: LKTel/20.20 Vision, 1990. 1 filme (135 min.), son., col. [Título original: *Mountains of the moon*]. Leg. português.

88. MORANGO E CHOCOLATE. Tomás Gutiérrez Alea & Juan Tabío (dir.). Cuba/Espanha/México: Centauros Hipervídeo, 1993. 1 filme (110 min.), son., col. [Título original: *Fresa y Chocolate*]. Leg. português.

89. MONTANHAS DOS GORILAS. Michael Apted (dir.). EUA: Warner, 1988. 1 filme (130 min.), son., col. [Título original: *Gorillas in the mist*]. Leg. português.

90. NÁUFRAGO. Robert Zemeckis (dir.). EUA: Fox, 2000. 1 filme (146 min.), son., col. [Título original: *Cast Away*]. Leg. português.

91. NAVIGATOR – UMA ODISSEIA NO TEMPO. Vicent Ward (dir.). Nova Zelândia: Look Video, 1988. 1 filme (92 min.), son., col. [Título original: *Navigator*]. Leg. português.

92. NELL. Michael Apted (dir.). EUA: Abril Vídeo/Fox, 1994. 1 filme (115 min.), son., col. [Título original: *Nell*]. Leg. português.

93. NENHUM A MENOS. Zhang Yimou (dir.). China: Columbia Tristar, 1999. 1 filme (106 min.), son., col. [Título original: *Yi ge dou bu neng shao*]. Leg. português.

94. NOSSO PROFESSOR É UM HERÓI (PROFESSOR: PROFISSÃO PERIGO). Gérard Lauzier (dir.). França: Versátil, 1996. 1 filme (101 min.), son., col. [Título original: *Le plus beau métier du monde*]. Leg. português.

95. NOVE RAINHAS. Fabián Belinski (dir.). Argentina: 1999. 1 filme, son., col. [Título original: *Nueve Reinas*]. Leg. português.

96. O QUE É ISSO, COMPANHEIRO? Bruno Barreto (dir.). Brasil: Columbia Tristar, 1997. 1 filme (105 min.), son., col.

97. OU TUDO OU NADA. Peter Cattaneo (dir.). Inglaterra: Fox, 1996. 1 filme (91 min.), son., col. [Título original: *The full monty*]. Leg. português.

98. PAÍS DOS TENENTES. João Batista de Andrade (dir.). Brasil: Manchete Vídeo, 1987. 1 filme, son., col.

99. PÃO E ROSAS. Ken Loach (dir.). Inglaterra/México: Europa, 1999. 1 filme (100 min.), son., col. [Título original: *Pan y Rosas*]. Leg. português.

100. PARQUE DOS DINOSSAUROS. Steven Spielberg (dir.). EUA: CIC, 1993. 1 filme, son., col. [Título original: *Jurassic Park*]. Leg. português.

101. POLICARPO QUARESMA – HERÓI DO BRASIL. Paulo Thiago (dir.). Brasil: Filmark, 1998. 1 filme (123 min.), son., col. Baseado na obra de Lima Barreto.

102. POLLOCK. Ed Harris (dir.). EUA: Califórnia Home Vídeo, 2000. 1 filme (120 min.), son., col. [Título original: *Pollock*]. Leg. português.

103. PRIMEIRAS ESTÓRIAS. Pedro Bial (dir.). Brasil: 2000. 1 filme, son., col.

104. QUEIMADA. Gillo Pontecorvo (dir.). Itália: 1965. 1 filme, son., col. [Título original: *Quemada*]. Leg. português.

105. RAINHA MARGOT. Patrice Chéreau (dir.). França/Itália/Alemanha: Europa/Carat, 1994. 1 filme (139 min.), son., col. [Título original: *La Reine Margot*]. Leg. português.

106. RAP DO PEQUENO PRÍNCIPE CONTRA AS ALMAS SEBOSAS. Paulo Caldas & Marcelo Luna (dir.). Brasil: Europa, 2000. 1 filme (75 min.), son., col.

107. REDE. Irwin Winkler (dir.). EUA: LKTel/Columbia, 1995. 1 filme (105 min.), son., col. [Título original: *The net*]. Leg. português.

108. SHREK. Andrew Adamson (dir.). EUA; Universal/DreamWorks, 2000. 1 filme (136 min.), son., col. [Título original: *Shrek*]. Leg. português.

109. SHINE – BRILHANTE. Scott Hicks (dir.). Austrália: Abril Vídeo, 1996. 1 filme (130 min.), son., col. [Título original: *Shine*]. Leg. português.

110. SHOW DE TRUMAN. Peter Weir (dir.). EUA: CIC, 1998. 1 filme (102 min.), son., col. [Título original: *Truman Show*]. Leg. português.

111. SÍNDROME DA CHINA. James Bridge (dir.). EUA: Columbia Tristar, 1979. 1 filme (121 min.), son., col. [Título original: *The China Syndrome*]. Leg. português.

112. SOCIEDADE DOS POETAS MORTOS. Peter Weir (dir.). EUA: Abril Vídeo/ Touchstone, 1989. 1 filme (129 min.), son., col. [Título original: *Dead poets society*]. Leg. português.

113. SONHOS. Akira Kurosawa (dir.). Japão: Warner, 1990. 1 filme (119 min.), son., col. [Título original: *Yume*]. Leg. português.

114. SONHOS TROPICAIS. André Sturm (dir.). Brasil: 2002. 1 filme (120 min.), son., col. Baseado no livro de Moacyr Scliar.

115. SPARTACUS. Stanley Kubrick (dir.). EUA: CIC, 1960. 2 filmes (193 min.), son., col. [Título original: *Spartacus*]. Leg. português.

116. TEMPOS MODERNOS. Charles Chaplin (dir.). EUA: Continental, 1936. 1 filme (87 min.), son., P&B [Título original: *The Modern Times*]. Leg. português.

117. TENDA DOS MILAGRES. Nelson Pereira dos Santos (dir.). Brasil: Sagres/Rio Filmes, 1987. 1 filme (139 min.), son., col. Baseado na Obra de Jorge Amado.

118. TITANIC. James Cameron (dir.). EUA: Abril Vídeo, 1997. 2 filmes (194 min.), son., col. [Título original: *Titanic*]: Leg. português.

119. TWISTER. Jan de Bont (dir.). EUA: CIC, 1996. 1 filme, son., col. [Título original: *Twister*]. Leg. português.

120. ÚLTIMA CEIA. Tomás Gutiérrez Alea (dir.). Cuba: 1978. 1 filme, son., col. [Título original: *La ultima cena*]. Leg. português. Disponível em vídeo no Memorial da América Latina, em São Paulo.

121. VERÃO DE 42. Robert Mulligan (dir.). EUA: Warner, 1971. 1 filme (104 min.), son., col. [Título original: *Summer of 42*]. Leg. português.

122. VIDAS SECAS. Nelson Pereira dos Santos (dir.). Brasil: Manchete Vídeo, 1963. 1 filme (103 min.), son., col. Baseado na obra de Graciliano Ramos

123. VILLA-LOBOS – UMA VIDA DE PAIXÃO. Zelito Vianna (dir.). Brasil: Europa Filmes, 2000. 1 filme (131 min.), son., col.

124. VIOLINO VERMELHO. François Girard (dir.). Canadá/Itália: Warner, 1998. 1 filme (130 min.), son., col. [Título original: *The Red Violin*]. Leg. português.

OUTROS FILMES CITADOS

Anastásia. Anastasia, Don Bluth/Gary Goldman, EUA, Estúdio 20th Century Fox, 1997, 94 min.

Barrabás. Barabbas, Richard Fleisher, EUA, 1962, 132 min.

Basquiat. Idem, Julian Schnabel, EUA, 1996, 106 min.

Bela Adormecida, A. Sleeping Beauty, EUA, Estúdios Walt Disney, 1959, 75 min.

Ben-Hur. Idem, William Wyler, EUA, Warner, 1959, 219 min.

Branca de Neve. Snow-White and the Seven Dwarfs, EUA, Estúdios Walt Disney, 1937, 83 min.

Caçador de esmeraldas, O. Osvaldo de Oliveira, Brasil, 1980, 115 min.

Camille Claudel. Idem, Bruno Nuytten, França, Look Video, 1988, 160 min.

Dança com lobos. Dances with wolves, Kevin Costner, EUA, Abril, 180 min.

Dia do Chacal, O. The Day of the Jackal, Fred Zinnemann, Inglaterra/ França, 1973, 116 min.

Dr. Jivago. Doctor Zhivago, David Lean, EUA, Vídeo Arte, 1965, 198 min.

Elizabeth. Idem, Shekhar Kapur, Inglaterra, 1998, 123 min.

Era do rádio, A. Radio Days, Woody Allen, EUA, 1987, 87 min.

Fantasia. Idem, EUA, Estúdios Walt Disney, 1940, 120 min.

Febre da selva. Jungle Fever, Spike Lee, EUA, CIC, 1991, 131 min.

Festim Diabólico. The Rope, Alfred Hitchcock, EUA, 1948, 80 min.

Fraternidade é vermelha, A. Trois Couleurs: Rouge, Kristov Kieslowski, França/Polônia, 1994, 99 min.

Getúlio Vargas. Ana Carolina, Brasil, Globo Vídeo, 1974, 76 min.

Ghandi. Idem, Richard Attenborough, Inglaterra/Índia, LKTel, 1982, 188 min.

Gladiador. The Gladiator, Ridley Scott, EUA, 2000, 155 min.

Guerra do Brasil, A. Silvio Back, Brasil, Globo Vídeo, 1987, 104 min.

Igualdade é branca, A. Trois Couleurs: Blanc, Kristov Kieslowski, França/Polônia, 1993, 89 min.

Ladrões de bicicleta. Ladri di Biciclette, Vittorio de Sica, Itália, 1948, 90 min.

Liberdade é azul, A. Trois Couleurs: Bleu, Kristov Kieslowski, França/Polônia, 1993, 97 min.

Malcolm X. Idem, Spike Lee, EUA, 1992, 192 min.

Mensagem para você. You've got mail, Nora Ephron, EUA, Warner, 1998, 120 min.

Michael Collins – O preço da liberdade. Michael Collins, Neil Jordan, EUA, 1996, 132 min.

Mulan. Idem, Tony Bancroft/Barry Cook, EUA, Estúdios Walt Disney, 1998, 88 min.

Norma Rae. Idem, Martin Ritt, EUA, Abril Vídeo, 1979, 117 min.

Nunca sem minha filha. Not without my daughter, Brian Gilbert, EUA, Paris, 1991, 87 min.

Patriota, O. The Patriot, Roland Emmerich, EUA, 2000, 164 min.

Pequena Sereia, A. The Little Mermaid, Ron Clements/John Musker, EUA, Estúdios Walt Disney, 1989, 83 min.

Pequeno grande homem, O. The Little Big Man, Arthur Penn, EUA, Opção, 1970, 150 min.

Poder vai dançar, O. Craddle will rock, Tim Robbins, EUA, 1999, 109 min.

Por quem os sinos dobram. For whom the bells toll, Sam Wood, EUA, CIC, 1943, 170 min.

Príncipe do Egito, O. The Prince of Egypt, Brenda Chapman/Steve Hickner/Simon Wells, EUA, DreamWorks, 1998, 98 min.

Priscila, rainha do deserto. Priscila, the desert queen, Stephan Elliot, Austrália, Top Tape, 1994, 102 min.

Quarto poder, O. Mad City, Costa Gravas, EUA, 1997, 114 min.

Rei Leão, O. The Lion King, Roger Allers/Rob Minkoff, EUA, Estúdios Walt Disney, 1994, 88 min.

Rosa Luxemburgo. Die Geduld der Rosa Luxemburg, Margareth Von Trotta, Alemanha, Globo Vídeo, 1986, 122 min.

Rosa, A. The Rose, Mark Rydell, EUA, 1979, 134 min.

Salvador – O martírio de um povo. Salvador, Oliver Stone, EUA, 1979, 100 min.

Shoah. Idem, Claude Lanzmann, França, 1985, 9h30 min.

Show de Truman, O. The Truman Show, Peter Weir, EUA, 1998, 102 min.

Silêncio dos inocentes, O. The Silence of the Lambs, Jonathan Demme, EUA, 1991, 114 min.

Tarzan. Idem, Chris Buck/Kevin Lima, EUA, Estúdios Walt Disney, 1999, 88 min.

Tempo de violência. Pulp Fiction, Quentin Tarantino, EUA, Abril Vídeo, 1994, 156 min.

Terra e liberdade. Land and freedom, Ken Loach, Reino Unido, 1986, 109 min.

Terra estrangeira. Walter Salles/Daniela Thomas, Brasil, Sagres, 1995, 100 min.

The Doors. Idem, Oliver Stone, EUA, 1992, 115 min.

Traffic. Idem, Steven Soderbergh, EUA, 2000, 147 min.

Verão de 42. Summer of 42, Robert Mulligan, EUA, Warner, 1971, 104 min.

SUGESTÃO DE TRABALHO COM FILMES REALIZADOS APÓS 2002

A FITA BRANCA. Michael Hanecke (dir.). Itália/França/Alemanha/Áustria, 2009. (145 min.). [Título original: *Das weisse band*].
Público-alvo: ensino médio (3º ano)
Área principal: História, temas transversais, formação de professores
Cuidados: tensão psicológica, violência, palavras ofensivas
Abordagens: religião, educação e valores, relações sociais e familiares, violência social

ADEUS, LÊNIN. Wolfgang Becker (dir.). Alemanha, 2002. (121 min.). [Título original: *Good bye Lenin*].
Público-alvo: ensino médio
Área principal: História contemporânea
Cuidados: livre
Abordagens: crise do socialismo, globalização, juventude

BRAVA GENTE BRASILEIRA. Lucia Murat (dir.). Brasil, 2000. (104 min.).
Público-alvo: ensino fundamental (9º ano)
Área principal: História do Brasil colônia, temáticas indígenas, Ciências da Terra
Cuidados: nudez
Abordagens: contato europeu-indígenas, choque cultural, expedições científicas

DESMUNDO. Alain Fresnot (dir.). Brasil, 2002. (101 min.).
Público-alvo: ensino médio
Área principal: História do Brasil colônia (São Paulo colonial)
Cuidados: violência sexual, incesto
Abordagens: colonização de São Paulo, choque cultural, tolerância

DIÁRIOS DA MOTOCICLETA. Walter Salles (dir.). Brasil/EUA/Chile/França/ Inglaterra/Peru, 2004. (126 min.).
Público-alvo: ensino fundamental (8º e 9º anos) e ensino médio
Área principal: história da América Latina, Geografia, Literatura
Cuidados: livre

Abordagens: revoluções, integração latino-americana, paisagens latino-americanas, ética, memórias escritas

FALE COM ELA. Pedro Almodóvar (dir.). Espanha, 2002. (122 min.). [Título original: *Hable com Ella*].
Público-alvo: ensino médio
Área principal: temas transversais, Educação Física
Cuidados: erotismo
Abordagens: corpo e movimento, relações de amizade, identidades sexuais

HOTEL RUANDA. Terry George (dir.). África do Sul/EUA/Itália/Inglaterra, 2004. (121 min.). [Título original: *Hotel Rwanda*].
Público-alvo: ensino médio
Área principal: História Contemporânea, Geografia, temas transversais
Cuidados: violência, guerra
Abordagens: geopolítica africana, imperialismo, ética e tolerância, violência étnica

LINHA DE PASSE. Walter Salles (dir.). Brasil, 2008. (108 min.).
Público-alvo: ensino médio
Área principal: Geografia Urbana, Sociologia, temas transversais (ética)
Cuidados: violência, drogas, palavras ofensivas
Abordagens: cotidiano nas periferias metropolitanas, paisagens urbanas, violência social, relações familiares, precarização do trabalho

MACHUCA. Andres Wood (dir.). Chile/Espanha/França/Inglaterra, 2004. (121 min.). [Título original: *Machuca*].
Público-alvo: ensino fundamental e ensino médio
Área principal: História da América Latina, formação de professores
Cuidados: livre
Abordagens: golpes militares na América Latina, conflito social, preconceito e exclusão, passagem para a vida adulta

MOÇA COM BRINCO DE PÉROLA. Peter Webber (dir.). EUA/Luxemburgo/ Inglaterra, 2003. (100 min.). [Título original: *Girl with a Pearl Earring*].
Público-alvo: ensino médio
Área principal: História Moderna, Educação Artística, Química, Física

Cuidados: livre
Abordagens: História da Arte (pintura holandesa), formação da burguesia europeia, teoria das cores

NA NATUREZA SELVAGEM. Sean Penn (dir.). EUA, 2007. (140 min.). [Título original: *Into the wild*].
Público-alvo: ensino médio
Área principal: Biologia (Ecologia), Geografia, Literatura, formação de professores
Cuidados: livre
Abordagens: Passagem para a vida adulta, clássicos da literatura ocidental, natureza e ação humana, sociedades de massa

O BANHEIRO DO PAPA. Enrique Fernández (dir.). França/Brasil/Uruguai, 2005. (90 min.). [Título original: *El Baño del Papa*].
Público-alvo: ensino fundamental e ensino médio
Área principal: temas transversais (trabalho), Sociologia
Cuidados: livre
Abordagens: precarização do trabalho, integração latino-americana, religiosidade

O INFORMANTE. Michael Mann (dir.). EUA, 1999. (157 min.). [Título original: *The Insider*].
Público-alvo: ensino médio
Área principal: temas transversais, Biologia (saúde), Sociologia
Cuidados: livre
Abordagens: interesses econômicos e saúde, antitabagismo, manipulação da mídia, direitos do consumidor

OS ELEITOS. Phillip Kaufman (dir.). EUA, 1983. (193 min.). [Título original: *The Right Stuff*].
Público-alvo: ensino médio
Área principal: História Contemporânea, Ciências Exatas, Ciências da Natureza
Cuidados: livre
Abordagens: corrida espacial, Guerra Fria

OS SONHADORES. Bernardo Bertolucci (dir.). Inglaterra/Itália/França, 2003. (115 min.). [Título original: *The Dreamers*].

Público-alvo: ensino médio
Área principal: História Contemporânea, Geografia Urbana, Sociologia
Cuidados: erotismo, desvios de conduta
Abordagens: juventude, revoltas juvenis (1968), Paris

PARADISE NOW. Hany Abu-Assad (dir.). França/Palestina, 2005. (95 min.). [Título original: *Paradise Now*].
Público-alvo: ensino médio
Área principal: História Contemporânea, Geografia
Cuidados: violência
Abordagens: conflito palestino-israelense, terrorismo, autodeterminação dos povos, conflito social, geopolítica do Oriente Médio, ética e política

SEGUNDA-FEIRA AO SOL. Fernando Leon (dir.). Espanha/França/Itália, 2002. (113 min.). [Título original: *Los lunes al sol*].
Público-alvo: ensino médio
Área principal: Sociologia, temas transversais (ética, trabalho)
Cuidados: tensão psicológica
Abordagens: desemprego, precarização do trabalho, globalização, crise econômica, luta dos trabalhadores

UM FILME FALADO. Manoel de Oliveira (dir.). França/Espanha/Portugal, 2004. (96 min.).
Público-alvo: ensino médio (3º ano)
Área principal: História Contemporânea, Geografia
Cuidados: tema difícil
Abordagens: crise do ocidente, crise da Europa, conceito de civilização ocidental, terrorismo, papel dos EUA no mundo

ZONA VERDE. Paul Greengrass (dir.). EUA/Inglaterra/França/Espanha, 2010. (115 min.). [Título original: *Green Zone*].
Público-alvo: ensino médio
Área principal: História Contemporânea, Geografia, Química
Cuidados: violência, guerra
Abordagens: guerra do Iraque, manipulação da opinião pública, manipulação midiática, armas químicas, tecnologia militar, papel da imprensa

ANEXO 2: GLOSSÁRIO DE TERMOS CINEMATOGRÁFICOS

Ângulo (tipos de): normal (mesma altura dos personagens/objetos), inferior (abaixo dos personagens/objetos) e superior (acima dos personagens/objetos).

Argumento: primeiro sumário da história, enfatizando as motivações dos personagens e peripécias principais do enredo. Base de desenvolvimento do roteiro.

Cena: unidade espaçotemporal (pode ser chamada de sequência).

Cenário: materialização do mundo diegético onde ocorre a história. Pode ser interior ou exterior, natural ou de estúdio, limpo ou sujo, realista ou figurado.

Conteúdo diegético: a fábula, a história contada pelo filme e consequente realidade fílmica implicada.

Continuidade: procedimento que consiste em controlar o enquadramento e vários planos que compõem uma sequência, para que os cenários, figurinos, objetos e atores pareçam estar sendo filmados em tempo real da ação e em harmonia com as posições anteriores no cenário.

Copião: cópia de todos os planos de um filme, apenas com imagem (sem som) e indicações que precedem as sequências. Partindo do copião, o montador seleciona as sequências para a versão final.

Diretor: profissional responsável pela coordenação de todos os elementos que compõem o filme (escolha de cenários, execução do roteiro na filmagem, formas de interpretação, cor e efeitos de fotografia, edição final).

Distribuidor: pessoa ou empresa responsável pela chegada do filme às salas de exibição em diferentes partes do mundo.

Edição: montagem, procedimento final que prepara o filme a ser exibido, organizando o material filmado na ordem narrativa preestabelecida pelo roteiro.

Enquadramento (tipos de): plano geral (amplo e distante), plano médio (conjunto de objetos ou pessoas), plano americano (até a cintura ou até os joelhos) e primeiro plano (rosto).

Figurino: elemento sutil, muitas vezes secundário, mas que em determinados gêneros (ficção científica, filmes de época) ganha importância.

Foco narrativo: perspectiva da qual a história é transmitida para o espectador. Pode ser subjetiva (quando coincide com a "visão" de um personagem), intersubjetiva (quando entrecruza as perspectivas de diversos personagens) ou objetiva (quando não se confunde com nenhum personagem específico). (Obs.: não confundir com "ponto de vista" de câmera.)

Fotografia: item que inclui as cores e os tons predominantes na imagem, contrastes (luz e sombra) e efeitos de iluminação (foco, penumbra, superexposição etc.).

Fotograma: cada quadro fotográfico que compõe o filme. Quando projetado a 24 quadros por segundo, provoca a sensação de movimento contínuo das figuras.

Gêneros: grandes estruturas narrativas ficcionais. Tipo de filme conforme a fábula e o conteúdo diegético desenvolvido.

Interpretação: forma pela qual os personagens ganham "vida" pela ação dos atores. Além dos talentos e estilos individuais, a interpretação pode ser marcada por um tipo específico de procedimento: pode ser naturalista ou artificial; contida ou exagerada; identificatória ou distanciada; expressiva ou minimalista etc.

Montagem: procedimento técnico que organiza a narrativa e/ou dramaticidade do filme, entendida como o "tempo lógico" da obra (que nem sempre coincide com o tempo cronológico real das ações supostas pelo espectador). A continuidade estabelecida pela montagem busca a articulação de três elementos básicos: ritmo, tensão e coerência interna da história.

Montagem de ponto de vista: tipo de montagem na qual o corte se dá no interior da cena, com a mudança do ponto de vista da câmera (por exemplo, de um personagem para outro, por meio do efeito de campo/contracampo).

Montagem paralela: sequências e/ou cenas diferentes intercaladas no mesmo fluxo narrativo, geralmente culminando na convergência de ações/espaços.

Movimentos (tipos de): panorâmico (*travelling*: giro da câmera sobre um eixo fixo), dinâmico (câmera acompanha movimento do personagem/objeto), fechamento/aproximação (*zoom*: câmera fecha o foco em algum personagem/objeto, sem corte) e abertura/distanciamento (oposto do *zoom*).

Moviola: engenhoca similar ao videocassete, a moviola permite que se manipulem as películas sem correr o risco de dilacerá-las ou queimá-las, como frequentemente se verifica quando elas são exibidas em projetor normal. Permitindo aos seus operadores imobilizar os filmes ou movê-los para frente e para trás em velocidade acelerada ou retardada, as moviolas são geralmente usadas por especialistas para montagem ou análise mais cuidadosa de filmes. As moviolas estão sendo, cada vez mais, substituídas por computadores: filma-se em 35 mm, digitalizam-se as imagens e depois o filme é montado no computador.

Película: suporte material do filme, a fita de celuloide sensível que contém brometo de prata e, quando exposta à luz, grava as imagens enquadradas pela câmera. Basicamente, possui três formatos (larguras): 35 mm (a mais usada no cinema comercial, de melhor qualidade), 16 mm (utilizada por *videomakers* e semiprofissionais) e 8 mm (muito utilizada por amadores até os anos 1980). Alguns filmes de maior orçamento utilizam-se de películas de 70 mm, que permitem maior enquadramento e qualidade visual.

Personagens: as "pessoas" fictícias que protagonizam a história. Os personagens podem ser analisados do ponto de vista psicológico (intenções ou motivações profundas) ou dramático (ações externas e suas consequências). Subdividem-se em principais, secundários e figurantes. Podem se agrupar de forma mais ou menos fechada na narrativa, formando "núcleos" dramáticos.

Plano: cada tomada de cena. Extensão compreendida entre dois cortes. Segmento contínuo de imagem, focalizado pela câmera. Conforme o enquadramento da câmera, costuma ser divido em vários tipos: plano de conjunto (panorâmico), plano geral (quando os atores, objetos centrais e cenários são mostrados a distância), plano médio (quando o ator ou o objeto de primeiro plano é enfatizado), plano americano (quando o ator é mostrado dos joelhos para cima), primeiro plano (quando se enfatiza o rosto do ator) e o *close-up* ou pormenor (quando uma parte do corpo ou do objeto é mostrado à distância curtíssima). Todos estes elementos são importantes para enfatizar aspectos narrativos do filme e aspectos psicológicos dos personagens.

Ponto de vista (tipos de): subjetivo (câmera coincide com o "olho" do personagem), objetivo (câmera não coincide com o "olho" do personagem). (Obs.: não confundir com foco narrativo do filme.)

Produtor: pessoa ou empresa responsável pela viabilização material e financeira do filme.

Quadro cênico: enfoque específico de um plano sobre uma parte da cena. Articula todos os elementos (personagens, objetos, cenário) que compõem a unidade que o espectador vê. Quase sinônimo de plano, porém com enfoque no espaço representado (e não no tempo entre os cortes).

Roteiro: desenvolvimento dramático do argumento, contendo o conjunto de sequências, a descrição das cenas e os diálogos que as compõem. Faz a unidade, a coerência e a tensão dramática da história. Pode ser original (história escrita especialmente para o filme) ou adaptado (inspirado em obra diferente). O profissional que elabora o roteiro é o roteirista (que pode ser o diretor do filme ou não).

Sequência: unidades dramáticas de enredo que, somadas, compõem o filme como um todo. Costuma se dividir em vários planos ou num plano só (o chamado plano-sequência).

Sinopse: pequeno resumo escrito do filme, contendo a trama básica e os personagens principais.

Teatro filmado: tipo de montagem na qual o corte se efetua a cada cena, mantendo um ponto de vista fixo entre eles.

Telecinagem: processo de adaptação do filme original (em película cinematográfica) para o VHS.

Trilha sonora/sonorização: compõe-se da parte musical (geralmente externa à história, exceto no caso dos musicais, nos quais a música é o órgão condutor) e da parte de efeitos sonoros intrínsecos à história, como os diálogos e ruídos. A partir de meados dos anos 1930, o som passou a ser gravado diretamente na película utilizada para a filmagem, por meio de mecanismos ópticos.

ANEXO 3: INFORMAÇÕES DE APOIO AO PROFESSOR

INSTITUIÇÕES ONDE CONSEGUIR FONTES VIDEOGRÁFICAS E ESCRITAS

Cinemateca de São Paulo
Largo Senador Raul Cardoso, 207 – Vila Clementino,
CEP: 04021-070, São Paulo, SP
Fone: (11) 3512-6111
<http://www.cinemateca.com.br>
contato@cinemateca.org.br

Fundação Biblioteca Nacional – Divisão de Informação Documental
Avenida Rio Branco, 219, CEP: 20040-008, Rio de Janeiro, RJ
Fone: (21) 3095 3879
<http://www.bn.br>

Museu da Imagem e do Som
Avenida Europa, 158, CEP: 01449-000, São Paulo, SP
<http://www.mis-sp.org.br>

Museu da Imagem e do Som
Praça Luiz Souza Dantas (antiga Praça Rui Barbosa), 01,
Praça XV, Rio de Janeiro, RJ
Fone: (21) 2332-9068
<http://www.mis.rj.gov.br>

Museu Lasar Segall
Rua Berta, 111 – Vila Mariana, CEP: 04120-040, São Paulo, SP
Fone: (11) 5574-7322
<http://www.museusegall.org.br>

Biblioteca Pública do Paraná
Rua Cândido Lopes, 133, CEP: 80020-901, Curitiba, PR
Fone: (41) 3221-4900
<http://www.pr.gov.br/bpp>

Cinemateca de Curitiba
Rua Carlos Cavalcanti, 1174, CEP: 80510-040, Curitiba, PR
Fone: (41) 3321-3252 / 3321-3270

ENTIDADES DE APOIO AO TRABALHO COM CINEMA E
VÍDEO NA SALA DE AULA

FDE – Fundação para Desenvolvimento da Educação
Avenida São Luís, 99 – República, CEP: 01046-001, São Paulo, SP
Fone: (11) 3158-4000
<http://www.fde.sp.gov.br>
OBS.: Atenção para os "Cadernos de Cinema do Professor" produ-
zidos pela FDE entre 2008 e 2009 e para o Projeto "Luz, Câmera...
Educação" que distribuiu caixas de filmes para as escolas públicas
de São Paulo.

ICI – Instituto Cultural Itaú
Avenida Paulista, 149, CEP: 01311-000, São Paulo, SP
Fone: (11) 2168-1700
<http://www.itaucultural.org.br>

SITES NA *INTERNET* RECOMENDADOS
(POR ORDEM DE INTERESSE)

Adoro Cinema
<http://www.adorocinema.com>

Film Education
<http://www.filmeducation.org>

Teach with Movies
<http://www.teachwithmovies.org>

Film Ideas
<http://www.filmideas.com>

Oficina Cinema – História (Universidade Federal da Bahia)
<http://www.oficinacinemahistoria.ufba.br >

VIDEOLOCADORAS RECOMENDADAS

2001 (São Paulo)

Grupo Estação (Rio de Janeiro)

DISTRIBUIDORAS CITADAS NO LIVRO

América Vídeo
Avenida Pacaembu, 1702 – Pacaembu, São Paulo, SP
Fone: (11) 3872-6300 / 3872-0945

Buena Vista
Rua 1º Março, 8 – Centro, CEP: 20010-000, Rio de Janeiro, RJ
Fone: (21) 2509-2334

CIC (atual Paramount Home Entertainement)
Fone: (11) 4166-2294
<http://www.paramountbrasil.com.br/contato.htm>

Columbia Tristar
Avenida Nações Unidas, 12995 – Alto de Pinheiros, São Paulo, SP
Fone: (11) 5503-9800
<http://www.columbiadvdvideo.com.br>

Condor
Rua Álvaro Alvim, 21, 15° andar, CEP: 20031-010,
Rio de Janeiro, RJ
Fone: (21) 2240-9098

Continental
Rua Brigadeiro Luís Antonio, 1404, 2° andar, sobreloja,
CEP: 01318-001, São Paulo, SP
<http://www.dvdcontinental.com.br/index.html>

Europa Carat/Europa Filmes
Alameda Itapecuru, 320, CEP: 06454-080, Barueri, SP
Fone: (11) 2165-9000
<http://www.europafilmes.com.br>

Flashstar
Fone: (11) 2148-1888
<http://www.flashstar.com.br>

Fox
Rua Dr. Eduardo de Souza Aranha, 387, 5° andar – Itaim Bibi,
CEP: 04543-121, São Paulo, SP
Fone: (11) 3365-5200
<http://www.foxfilm.com.br>

Globo Vídeo
Avenida das Américas, 700, Bloco 2, Sala 301 – Barra da Tijuca,
CEP: 22640-100, Rio de Janeiro, RJ
Fone: (21) 2450-1540
<http://www.globofilmes.com.br>

Grupo Estação
<http://www.grupoestacao.com.br/distribuidora/distribuidora.php>

LKTel Vídeo – Paris Filmes
Avenida Pacaembu, 1682, CEP: 01234-000, São Paulo, SP
Fone: (11) 3879-9799
Fax: (11) 3879-9798
<http://www.parisfilmes.com.br>

Playarte
Avenida República do Líbano, 2155, CEP: 04503-003, São Paulo, SP
Fone: (11) 5053-6996
<http://playarte.com.br>

Rio Filme
Rua Laranjeiras, 307, Rio de Janeiro, RJ
Fone: (21) 2225-7062
<http://www.rio.rj.gov.br/web/riofilme/>

Top Tape
Avenida Francisco Matarazzo, 404, 6º andar, CEP: 05001-000,
São Paulo, SP
Fone: (11) 3668-6903
<http://www.toptape.com.br>

Versátil Home Vídeo
Rua Itapicuru, 369/405, CEP: 050006-000, São Paulo,SP

Fone: (11) 3670-1950
<http://dvdversatil.com.br>

Vídeo Filmes
Praça Nossa Senhora da Glória, 46 – Glória, CEP: 22211-110, Rio de
Janeiro, RJ
Fone: (21) 2556-0810
Fax: (21) 2205-5247

Warner
Avenida Tamboré, 25, 4º andar – Alphaville, CEP: 06460-000,
Barueri, SP
Fone: (11) 4504-3050
<http://www.warnermusic.com.br>

ANEXO 4: FICHAS E ROTEIROS DE AVALIAÇÃO FÍLMICA

ROTEIRO DE AVALIAÇÃO EDUCACIONAL DE FILMES

1. Ficha técnica do filme: (título original, diretor, país, ano, duração, produtores/distribuidores, atores, roteirista, montador, fotógrafo, cenografista, efeitos especiais).

2. Sinopse (a resenha deve feita pelo educador ou pelo professor em dez linhas, no máximo) e anotações gerais sobre o contexto de produção do filme.

3. Público-alvo (qual a faixa etária/escolar a que o filme deve se dirigir, a princípio):
   - educação infantil/ensino fundamental 1: 7 aos 11 anos ou até o 6º ano.
   - ensino fundamental 2: 12 aos 14 anos ou até o 8º ano.
   - transição fundamental/médio: 9º ano do fundamental e 1º ano do médio.
   - ensino médio consolidado e ensino profissionalizante

4. Adequabilidade do filme ao público-alvo:
   - adequabilidade irrestrita
   - adequabilidade restrita
   - não recomendado
   - dificuldade com a linguagem e narrativa
   - dificuldade com conteúdo visual e verbal de cenas específicas

- dificuldades temáticas
- restrições específicas de ordem moral, religiosa, cognitiva ou psicológica
- cortes e cuidados especiais no desenvolvimento da atividade

5. Acessibilidade:
   - disponibilidade em vídeo/DVD ampla
   - disponibilidade em vídeo/DVD restrita
   - fora de catálogo
   - não foi lançado em vídeo/DVD
   - localizável em acervos especiais
   - exibido com regularidade na TV a cabo ou na TV aberta
   - disponível na videoteca da escola ou em videotecas de acesso público
   - disponível em cópia para cinema

6. Potencial de uso do conteúdo do filme em atividades didático-pedagógicas (potencial e áreas de aplicação):
   - muito potencial em mais de três áreas ou disciplinas
   - muito potencial em até três áreas ou disciplinas
   - muito potencial em uma área ou disciplina
   - muito potencial em temas transversais e áreas especiais
   - potencial restrito
   - pouco potencial

7. Potencial de uso da linguagem e de aspectos não conteudistas do filme em atividades didático-pedagógicas:
   - muito potencial
   - potencial restrito
   - pouco potencial
   - especificar a área e a atividade sugeridas

8. Roteiro geral de análise (do ponto de vista didático-pedagógico).

9. Sequências em destaque e roteiro específico de análise das sequências (aplicabilidade em atividades didático-pedagógicas).

10. Reações e respostas dos alunos em experiências anteriores de utilização de filmes em atividades didáticas (anexar anotações opcionais).

11. Obras correlatas (cinema e outras linguagens) e textos de apoio.

12. Roteiro de avaliação (http://www.teachwithmovies.org)
   - título do filme
   - herança cultural: a qual conteúdo cultural, escolar ou contexto sócio-histórico o filme se relaciona
   - valores: quais os conceitos centrais e as categorias de formação de caráter/cidadania ou o valor moral veiculados pelo filme

13. Usando o filme
   - idade recomendada/censura classificatória/ano – país – duração
   - acessibilidade: onde se pode adquirir o filme
   - sinopse
   - possíveis problemas (em sala de aula) de ordem moral, ideológica, de assimilação etc.
   - prêmios
   - atores
   - diretor
   - informações de apoio: contexto histórico e personagens que o filme aborda, entrevistas com o diretor, análises etc.
   - palavras-chave em destaque

14. Questões para debate:
   - herança cultural
   - desenvolvimento de caráter e cidadania
   - valores éticos (ética da responsabilidade)
   - ponte de leitura: livros relacionados
   - filmes relacionados
   - *links* na *internet*
   - projetos escolares que podem ser desenvolvidos
   - bibliografia

BIBLIOGRAFIA

CINEMA NA ESCOLA

ALMEIDA, Milton J. *Imagens e sons: a nova cultura oral.* São Paulo: Editora Cortez, 2001.

AZZI, Riolando. *Cinema e educação: orientação pedagógica e cultural de vídeos.* São Paulo: Paulinas, 1996.

BELLONI, Maria Luiza. *O que é mídia educação.* São Paulo: Editora Autores Associados, 2001.

BERNARDET, Jean-Claude & RAMOS, Alcides. *Cinema e História do Brasil.* São Paulo: Contexto/Edusp, 1988.

MOCELLIN, Renato. *O cinema e o ensino de História.* Curitiba: Nova Didática, 2002.

MORETTIN, Eduardo V. 'Cinema educativo: uma abordagem histórica'. *Comunicação & Educação,* 4 (1995), p. 13-19.

FALCÃO, Antoni R. & BRUZZO, Cristina (orgs.). *Lições com cinema.* São Paulo: FDE, 1993.

FALCÃO, Antoni R. & BRUZZO, Cristina (orgs.). 'Cinema: uma introdução à produção cinematográfica'. In: *Lições com cinema,* 1. São Paulo: FDE, 1992.

FERRETTI, João. 'O filme como elemento de socialização na escola'. In: *Lições com cinema,* 4. São Paulo: FDE, 1995.

FRANCO, Marília. 'Natureza pedagógica das linguagens audiovisuais'. In: *Lições com Cinema.* São Paulo: FDE, 1993, p. 15-34.

RAMOS, Alcides F. *O ensino de História e o desafio das novas tecnologias: o cinema na sala de aula.* Disponível em: <www.nehactriang.net>

Acesso em: 2002. Website do Núcleo de Estudos da Arte e da Cultural Universidade Federal de Uberlândia.

ROCHA, Antonio Penalves. 'O filme: um recurso didático no ensino de história'. In: *Lições com cinema*. São Paulo: FDE, 1993, p. 69-86.

ROMAGUERA, J. & RIAMBAU, E. (orgs.). *La Historia y el cine*. Barcelona: Fontamara, 1983.

SALIBA, Elias T. 'A produção do conhecimento histórico e suas relações com a narrativa fílmica'. In: *Lições com cinema*. São Paulo: FDE, 1993, p. 87-108.

VEZENTINI, Carlos Alberto. 'História e ensino: o tema da fábrica visto através de filmes'. In: *O saber histórico na sala de aula*. São Paulo: Contexto, 2001.

OBRAS DE INTRODUÇÃO AO CINEMA (LINGUAGEM E HISTÓRIA)

COSTA, Antonio. *Compreender o cinema*. São Paulo: Editora Globo, 1989.

FURHAMMAR, L. & F. ISAKSSON. *Cinema e política*. Rio de Janeiro: Paz e Terra, 1976.

LABAKI, Amir. *O cinema brasileiro*. São Paulo: Publifolha, 1998.

LABAKI, Amir (org). *Folha conta 100 anos de cinema*. Rio de Janeiro: Imago, 1995.

MOSCARIELLO, Angelo. *Como ver um filme*. Lisboa: Presença, 1985.

XAVIER, Ismail (org). *O cinema no século*. Rio de Janeiro: Imago, 1996.

XAVIER, Ismail. *O discurso cinematográfico: opacidade e transparência*. Rio de Janeiro: Paz e Terra, 1977.

OBRAS DE APOIO E REFERÊNCIA

ALMEIDA, Claudio Aguiar. *Sociedade e cultura no Brasil (1940-1968)*. São Paulo: Atual, 1996 (Coleção Discutindo a História do Brasil).

AUGUSTO, Sergio. *Este mundo é um pandeiro: a chanchada de Getúlio Vargas a Juscelino Kubitschek*. São Paulo: Companhia das Letras, 1989.

BENTES, Ivana. *Glauber Rocha: cartas ao mundo*. São Paulo: Companhia das Letras, 1997.

EWALD Fº, Rubens. *Dicionário de cineastas*. Porto Alegre: L&PM, 1988.

NAPOLITANO, Marcos. *Cultura brasileira: utopia e massificação (1950-1980)*. São Paulo: Contexto, 2001 (Coleção Repensando a História).

RAMOS, Fernão & MIRANDA, Luiz Felipe. *Enciclopédia do cinema brasileiro*. São Paulo: SENAC, 2000.

RAMOS, Fernão. *História do cinema brasileiro*. São Paulo: Círculo do Livro, 1987.

SILVA NETO, Antonio L. *Dicionário de filmes brasileiros*. São Paulo: Edição do Autor, 2002.

VIDEOBOOK. Rio de Janeiro: Fotomática DB Publishing, 2001, anual.

VIDEOGUIA NOVA CULTURAL. São Paulo: Nova Cultural, anual.

HISTÓRIA E LINGUAGEM DO CINEMA (APROFUNDAMENTO)

ALMEIDA, Claudio Aguiar. *O cinema como 'agitador de almas': argila, uma cena do Estado Novo*. São Paulo: Anna Blume/Fapesp, 1999.

AVELAR, José Carlos. *A ponte clandestina: teorias de cinema na América Latina*. São Paulo: Editora 34/Edusp & Anna Blume/Fapesp, 1999.

BENJAMIN, Walter. 'A obra de arte na era de sua reprodutibilidade técnica'. In: *Obras Escolhidas I*. São Paulo: Brasiliense, 1985.

BERNADET, Jean-Claude. *Cinema brasileiro: proposta para uma história*. Rio de janeiro: Paz e Terra, 1979.

CANEVACCI, Massimo. *Antropologia do cinema: do mito à indústria cultural*. São Paulo: Brasiliense, 1984.

CARNES, Mark (org.). *Passado imperfeito. A história no cinema*. Rio de Janeiro: Record, 1997.

FABRIS, Mariarosaria. *O neorrealismo cinematográfico italiano*. São Paulo: Edusp/Fapesp, 1996.

FERREIRA, Jorge & SOARES, Mariza Carvalho. *A História vai ao cinema*. Record: Rio de Janeiro, 2001.

FERRO, Marc. *Cinema e História*. Rio de Janeiro: Paz e Terra, 1992.

FRIEDRICH, Otto. *A cidade das redes. Hollywood nos anos 40*. São Paulo: Companhia das Letras, 1988.

GOMES, Paulo Emílio. *Cinema: trajetória no subdesenvolvimento*. Rio de Janeiro: Paz e Terra. 1999.

JAMESON, Frederic. *As marcas do visível*. Rio de Janeiro: Ed. Graal, 1995.

MORETTIN, Eduardo Victorio. *Os limites de um projeto de monumentalização cinematográfica: uma análise do filme* Descobrimento do Brasil (1937), *de Humberto Mauro*. Tese de Doutorado, ECA/USP, São Paulo, 2001.

MORETTIN, Eduardo Victorio. 'Produção e formas de circulação do tema do Descobrimento do Brasil: uma análise do seu percurso e do filme *Descobrimento do Brasil* (1937), de Humberto Mauro'. *Revista Brasileira de História,* São Paulo: ANPUH/Humanitas, 2000, p. 135-166.

MORETTIN, Eduardo V. 'Quadros em movimento: o uso das fontes iconográficas no filme *Os Bandeirantes* (1940), de Humberto Mauro'. *Revista Brasileira de História,* São Paulo: ANPUH/Humanitas, 1998.

MORETTIN, Eduardo Victorio. *Cinema e História: uma análise do filme Os Bandeirantes*. Dissertação de Mestrado. São Paulo: ECA/USP, 1994.

RAMOS, Alcides. *Canibalismo dos fracos. cinema e história do Brasil*. Bauru: Edusc, 2002.

RAMOS, José Mario Ortiz. *Cinema, Estado e lutas culturais*. Rio de Janeiro: Paz e Terra, 1983.

RIDENTI, Marcelo (org.). *Versões e ficções: o sequestro da História*. São Paulo: Editora Fundação Perseu Abramo, 1997.

SCHWARTZ, Vanessa & CHARNEY, Leo. *O cinema e a invenção da vida moderna*. São Paulo: Cosac-Naif, 2001.

SKLAR, Robert. *História social do cinema americano*. São Paulo: Cultrix, 1978.

SORLIN, Pierre. *Sociología del cine: la apertura para la historia de mafiana*. Mexico: Fondo de Cultura Económica, 1985.

TARDY, Michel. *O professor e as imagens*. São Paulo: Cultrix, 1976.

VEILLON, Olivier-René. *O cinema americano dos anos trinta*. São Paulo: Martins Fontes, 1992.

VEILLON, Olivier-René. *O cinema americano dos anos cinquenta*. São Paulo: Martins Fontes, 1993.

XAVIER, Ismail. *Alegorias do subdesenvolvimento*. São Paulo: Brasiliense, 1988.

XAVIER, Ismail. *Sertão mar (Glauber Rocha e a estética da fome)*. São Paulo: Brasiliense, 1983.

REVISTAS DE DIVULGAÇÃO E PERIÓDICOS ACADÊMICOS

BRAVO!. São Paulo: Editora D'Avila, mensal.

REVISTA DE CINEMA. São Paulo: Editora Kraho, mensal.

CINEMAIS. Revista de Cinema e Outras Questões Audiovisuais. São Paulo, Ed. Unesp.

SET. São Paulo: Editora Peixes, mensal.

LEIA TAMBÉM

COMO USAR A MÚSICA NA SALA DE AULA
Martins Ferreira

Com exercícios e muitos exemplos práticos, a obra serve como guia de atividades com música – de Beethoven à Waldick Soriano – para todas as disciplinas. Fundamental para professores que buscam mais criatividade nas aulas.

COMO USAR A LITERATURA INFANTIL NA SALA DE AULA
Maria Alice Faria

A autora não caiu na tentação de encarar a literatura como um objeto utilitário, de uso meramente instrumental. A proposta busca capacitar educadores e animadores de leitura para perceber toda a riqueza de detalhes típica dos livros para crianças. Uma obra que expõe com extrema clareza ideias complexas.

COMO USAR OUTRAS LINGUAGENS NA SALA DE AULA
Beatriz Marcondes, *Gilda Menezes* e *Thaís Toshimitsu*

Sugere ao professor diversas atividades para analisar e discutir textos veiculados em jornais, revistas, outdoors, televisão etc. As discussões propostas fazem referência a aspectos do cotidiano do aluno, como consumo e ética.

Cadastre-se no site da Contexto
e fique por dentro dos nossos lançamentos e eventos.
www.editoracontexto.com.br

Formação de Professores | Educação
História | Ciências Humanas
Língua Portuguesa | Linguística
Geografia
Comunicação
Turismo
Economia
Geral

GRÁFICA PAYM
Tel. [11] 4392-3344
paym@graficapaym.com.br